"十三五"国家重点出版物出版规划项目·重大出版工程规划
中国工程院重大咨询项目成果文库
推动能源生产和消费革命战略研究系列丛书
（第一辑）

丛书主编　谢克昌

能源生产革命的若干问题研究

黄其励　袁晴棠　等著

本书系中国工程院重大咨询项目"推动能源生产和消费革命战略研究"第一期（2013年5月至2015年12月）研究成果

科学出版社

北　京

内 容 简 介

本书是中国工程院"推动能源生产和消费革命战略研究"丛书之一。本书在分析国际能源发展趋势的基础上，研究了我国当前能源发展的突出问题，凝练了能源生产革命的若干基本判断，厘清了能源生产革命的战略思路，分析了包括煤炭科学开发与利用、油气及非常规油气开发、大比例可再生能源、核能、碳捕集封存与利用（CCS/CCUS）和新能源汽车等能源生产革命的内涵、路线图、时间表，提出了近期、中期、远期战略目标、重点任务、政策支撑和若干重大建议。

本书适合政府、能源领域企业和研究机构中的高层管理人员与研究人员，大专院校能源相关专业师生，以及其他对我国能源问题感兴趣的社会公众阅读。

图书在版编目（CIP）数据

能源生产革命的若干问题研究/黄其励等著. —北京：科学出版社，2017.4

（推动能源生产和消费革命战略研究系列丛书/谢克昌主编. 第一辑）

"十三五"国家重点出版物出版规划项目·重大出版工程规划

中国工程院重大咨询项目成果文库

ISBN 978-7-03-052401-0

Ⅰ.①能… Ⅱ.①黄… Ⅲ.①能源经济-研究-中国 Ⅳ.①F426.2

中国版本图书馆 CIP 数据核字（2017）第 065563 号

责任编辑：马 跃 李 莉/责任校对：李 影
责任印制：徐晓晨 / 封面设计：无极书装

科学出版社 出版

北京东黄城根北街16号
邮政编码：100717
http://www.sciencep.com

北京厚诚则铭印刷科技有限公司 印刷
科学出版社发行 各地新华书店经销

*

2017年4月第 一 版　开本：720×1000 1/16
2020年4月第二次印刷　印张：7 1/4
字数：110 000

定价：98.00 元
（如有印装质量问题，我社负责调换）

推动能源生产和消费革命战略研究系列丛书
（第一辑）
编委会成员名单

项目顾问

徐匡迪　中国工程院　第十届全国政协副主席、中国工程院主席团名誉主席、原院长、院士

周　济　中国工程院　院长、院士

潘云鹤　中国工程院　原常务副院长、院士

吴新雄　国家发改委　国家发改委原副主任、国家能源局原局长

王玉普　中国石油化工集团公司　董事长、党组书记、中国工程院原副院长、院士

项目负责人

谢克昌　中国工程院　原副院长、院士

课题负责人

第1课题　生态文明建设与能源生产消费革命　　　　　　杜祥琬
第2课题　世界能源版图变化与能源生产消费革命　　　　张玉卓
第3课题　第三次工业革命与能源生产消费革命　　　　　何继善
第4课题　能源生产革命的若干问题研究　　　　　黄其励、袁晴棠
第5课题　能源消费革命的若干问题研究　　　　　倪维斗、金　涌
第6课题　推动能源生产和消费革命的支撑与保障　　　　岑可法
综合课题　推动能源生产和消费革命战略研究　　　　　　谢克昌

课题四 能源生产革命的若干问题研究
编委会成员名单

组长

黄其励	国家电网公司	院士
袁晴棠	中国石化集团公司	院士

副组长

谢和平	四川大学	院士
彭苏萍	中国矿业大学（北京）	院士
孙龙德	中国石油天然气股份有限公司	院士
赵文智	中国石油天然气股份有限公司	院士
岑可法	浙江大学	院士
谭天伟	北京化工大学	院士
多　吉	西藏地勘局	院士
叶奇蓁	中国核工业集团公司	院士
徐　銤	中国核工业集团公司	院士
李　阳	中国石化集团公司	院士
陈清泉	香港大学	院士
顾大钊	神华集团有限责任公司	院士
李全生	神华集团有限责任公司	教授级高工
倪明江	浙江大学	教授
高　虎	国家发改委能源研究所	副主任
欧阳明高	清华大学	教授

成员

袁　明	神华集团有限责任公司	教授级高工
陈寅彪	北京国华电力有限责任公司	教授级高工
范新宽	北京国华电力有限责任公司	教授级高工

廖海燕	神华国华（北京）电力研究院有限公司	教授级高工
沈亚东	神华集团有限责任公司	高级工程师
赵永宏	神华集团有限责任公司	高级工程师
余学海	神华国华（北京）电力研究院有限公司	高级工程师
韩　涛	神华国华（北京）电力研究院有限公司	高级工程师
卢　权	神华国华三河发电有限公司	高级工程师
王金华	中国煤炭科工集团有限公司	研究员
康红普	煤炭科学研究总院	研究员
葛世荣	中国矿业大学	教授
姜耀东	中国矿业大学（北京）	教授
刘见中	中国煤炭科工集团有限公司	研究员
周宏伟	中国矿业大学（北京）	教授
李建忠	中国石油勘探开发研究院	教授级高工
张国生	中国石油勘探开发研究院	高级工程师
朱伟林	中国海洋石油总公司	教授级高工
陆家亮	中国石油勘探开发研究院廊坊分院	教授级高工
窦宏恩	中国石油勘探开发研究院	高级工程师
李　欣	中国石油勘探开发研究院	高级工程师
蔡宁生	清华大学	教授
吴少华	哈尔滨工业大学	教授
王辅臣	华东理工大学	教授
马连湘	青岛科技大学	教授
尚建选	陕西煤化工集团	教授级高工
肖　刚	浙江大学	教授
蔡丰波	中国可再生能源学会风能专业委员会	副秘书长
赵　颖	南开大学	教授
王伟胜	中国电科院新能源研究所	所长
陈必强	北京化工大学	教授
张　栩	北京化工大学	教授
查　浩	中国电科院新能源研究所	工程师
苏　罡	中国核电工程有限公司	教授级高工
郭　晴	中国核电工程有限公司	高级工程师

牛玉清	北京化工冶金研究院	高级工程师
周红波	中核能源科技有限公司	研究员
李满仓	中国核动力研究设计院	高级工程师
徐洪杰	中国科学院上海应用物理研究所	研究员
计秉玉	中国石化石油勘探开发研究院	教授级高工
张　建	中国石化胜利勘察设计院	教授级高工
刘佩成	中国石化集团公司	教授级高工
程一步	中国石化经济技术研究院	教授级高工
赵淑霞	中国石化石油勘探开发研究院	高级工程师
刘　斌	中国石化集团公司	高级工程师
林　逸	北汽集团	副总工程师
孙逢春	北京理工大学	教授
朱　波	北汽集团	高级工程师
王文伟	北京理工大学	副教授
杜玖玉	清华大学	助理研究员
寒林旎	南方科技大学	研究员

丛 书 序 一

能源是国家经济社会发展的基石。能源问题是关乎国家繁荣、人民富裕、社会和谐的重大议题。当前世界能源形势复杂多变，新的能源技术正在加速孕育、新的能源版图正在加速调整、新的能源格局正在逐步形成。国内生态环境约束日益加强，供给侧结构性改革推进正酣，构建前瞻性的能源战略体系和可持续的现代能源系统迫在眉睫。习近平总书记在中央财经领导小组第六次会议上提出了推动能源生产和消费革命的战略要求，为我国制定中长期能源战略、规划现代能源体系、推进"一带一路"能源合作、保障国家能源安全等明确了方向。

中国工程院在2013年5月启动了由时任中国工程院副院长的谢克昌院士牵头负责的"推动能源生产和消费革命战略研究"重大咨询项目，适度超前、恰逢其时，意义重大。这一项目的启动体现了中国工程院作为国家智库的敏锐性、前瞻性、责任感和使命感。项目研究从国际能源和工业革命规律等大视野，提出了我国能源革命的战略、目标、重点和建议，系统研究并提出了我国能源消费革命、供给革命、技术革命、体制革命和国际合作的技术路线图。项目研究数据翔实、调研充分，观点明确、内容具体，很多观点新颖且针对性强，对我国能源发展具有重要指导和参考意义。项目研究成果凝聚了30多位院士和300余名专家的集体智慧，研究期间多次向国家和政府部门专题汇报，部分成果和观点已经在国家重大决策、政府相关规划的制定中得到体现。

推动能源革命是一项长期、复杂的系统工程，研究重点和视角因国际形势变化、国内环境变化而表现不同，希望项目研究组和社会能源科技专家共同努力,继续深化研究,为我国能源安全发展保驾护航,为我国全面建成小康社会和实现两个"一百年"目标添薪助力。

谨对院士和专家们的艰辛付出表示衷心的感谢!

徐匡迪

2016 年 12 月 26 日

丛 书 序 二

在我国全面建成小康社会、实现中华民族伟大复兴的中国梦进程中，能源与经济、社会、环境协调发展始终是一个重要课题。能源供给约束矛盾突出、能源利用效率低下、生态环境压力加大、能源安全形势严峻等一系列问题，以及世界能源版图深刻变化、能源科技快速发展的国际化趋势和应对气候变化的国际责任与义务，要求我国亟须在能源领域进行根本性的变革和全新的制度设计，在发展理念、战略思路、途径举措、科技创新、体制机制等方面实现突破或变革。

党的十八大报告指出，要坚持节约资源和保护环境的基本国策，推动能源生产和消费革命，控制能源消费总量。2014年6月13日，习近平总书记主持召开中央财经领导小组第六次会议，会议明确提出"能源消费革命"、"能源供给革命"、"能源技术革命"、"能源体制革命"和"加强国际合作"的能源安全发展战略思想。可见，"能源生产和消费革命"已成为我国能源方针和政策的核心内容，成为推动能源可持续发展的战略导向，成为加快能源领域改革发展的重要举措。

作为我国工程科学技术界的最高荣誉性、咨询性学术机构，为了及时通过战略研究为推动能源生产和消费革命提供科学咨询，中国工程院在2013年5月就启动了"推动能源生产和消费革命战略研究"重大咨询项目，目的是根据国家转变能源发展方式的现实任务和战略需求，从国际视野和大能源观角度，深入分析生态文明建设、世界能源发展趋势、第三次工业革命等方面对我国能源领域带来的深刻影响和机遇，紧紧围绕能源革命的概念、核心、思路、方式和路径展开系统研究，提出推动能源生产和消费革命的战略思路、目标重点、技术路线图和政策建议，为我国全面推进能源生产和消费革命，完善国家能源战略规划和相关政策，加强节能减排、提高能效、控制能源消费总量，推动煤炭等化石能源清洁高效开发利用，拓增非化石能源、优化能源结构等一系列工作提供创新思路、科学途径和方法举措。

项目由中国工程院徐匡迪主席、周济院长、时任常务副院长潘云鹤院士、时任副院长王玉普院士，以及国家能源局原局长吴新雄担任顾问，中国工程院原副院长谢克昌院士任组长，下设六个课题，分别由相关能源领域院士担任课题组长，来自90家科研院所、高等院校和大型能源企业的300多名专家参与研究及相关工作，其中院士39位。研究工作全面落实国家对战略研究"基础研究要扎实，战略目标要清晰，保障措施要明确，技术路线图和政策建议要具体可行"的要求，坚持中国工程院对重大课题研究的战略性、科学性、时效性、可行性、独立性的要求，历时两年多时间，经过广泛的专家讨论、现场调研、深入分析、成果交流和征求意见，最终形成一个项目综合报告和六个课题报告。

第一册是综合报告《推动能源生产和消费革命战略研究（综合卷）》，由中国工程院谢克昌院士领衔，在对六个课题报告进行了深入总结、集中凝练和系统提高的基础上，科学论述了推动能源生产与消费革命是能源可持续发展和构建"清洁、低碳、安全、高效"现代能源体系的必由之路。《推动能源生产和消费革命战略研究（综合卷）》对能源生态协调发展、能源消费总量控制、能源供给结构优化、能源科技创新发展、能源体制机制保障等一系列突出矛盾和问题进行了深入分析，提出了解决的总体思路和主要策略；系统提出能源革命"三步走"战略思路和能源结构优化期（2020年以前）、能源领域变革期（2021~2030年）、能源革命定型期（2031~2050年）的阶段性目标以及战略重点，并就实施和落实各项战略重点的核心思路、关键环节和重点内容进行科学论证、提出明确要求。

第二册是《生态文明建设与能源生产消费革命》，由杜祥琬院士牵头，主要从生态文明建设的角度进行研究。从回顾人类文明发展和历次能源革命的历程，以及深入分析工业文明带来的危机和问题着手，总结了国际发展理念变迁、新的文明形态形成与实践的基本规律和趋势，认为全球能源革命的方向是清洁化和低碳化。分析我国转变发展方式、建设生态文明和推动能源革命的辩证关系，剖析能源生产和消费革命的难点，总结我国能源发展的主要特征和我国能源战略及其演变，最后提出推动我国能源革命的思路、路径以及政策建议。

第三册是《世界能源版图变化与能源生产消费革命》，由张玉卓院士牵头，主要从世界能源发展趋势的角度进行研究。通过总结当前世界主要经济体在能源供应、生态环境破坏以及气候变化方面面临的挑战，分析世界能源结构、供需格局、能源价格等重大趋势和规律。研究美国、欧盟等主要国家和地区能源发展与战略调整对我国能源安全发展的深远影响，提出我国必须转变能源发展理念和发展战略，主动适应世界能源发展的趋势变化，形成可持续的能源发展模式，加快发展方式转型，推动能源管理和制度创新，并从推动能源革命的基础、先导、方向、核心、支撑和保障等方面提出措施建议。

第四册是《第三次工业革命与能源生产消费革命》，由何继善院士牵头，主要从第三次工业革命的角度进行研究。在分析预判以互联网和可再生能源为基础的第三次工业革命发展趋势和机遇，以及对主要国家及地区能源战略和我国未来能源生产消费可能产生的影响的基础上，提出推动我国能源生产消费革命的战略构想，深入论证智能电网、泛能网、分布式发电与微电网、智能建筑和能源互联网等重点工程在未来我国能源体系中的作用、实施计划和经济社会价值，最后提出推动我国能源生产与消费革命的价格、财政税收、国际化经营和国际合作等政策建议。

第五册是《能源生产革命的若干问题研究》，由黄其励院士和袁晴棠院士牵头，主要从能源生产（供给）侧开展研究。厘清能源生产革命的背景与战略目标，从新能源开发利用水平和能源发展潜力两方面，论证了我国已基本具备能源生产革命的基础条件，系统阐述我国能源生产革命的方向、目标、思路和战略重点，提出能源生产革命的重大技术创新路线图、时间表，提出中长期能源生产革命重大工程和重大产业，以及能源生产革命的政策建议。

第六册是《能源消费革命的若干问题研究》，由倪维斗院士和金涌院士牵头，主要从能源消费侧开展研究。预判我国能源消费未来发展趋势，以及分析 2030 年前经济社会发展目标和能耗增长趋势。重点剖析了推动能源消费革命涉及的我国能源消费宏观政策、总量控制以及主要领域的若干重要问题，明确了我国能源消费革命的定义和内涵，提出推进我国能源消费革命、控制能源消费总量的战略目标和实施途径，以及有关政策建议。

第七册是《推动能源生产和消费革命的支撑与保障》，由岑可法院士牵头，主要从支撑和保障方面开展研究。分析我国能源生产和技术革命在支撑和保障方面的背景及目标，提出明确的定义、内涵和总体路线图。以能源消费绿色化、能源供给低碳化以及能源输配智能化三条主线为核心，提出在技术领域方面全面创新、在法律及体制机制层面深化改革的总体思路和重点内容，为推进和实施能源生产与消费革命提供支撑和保障。

"推动能源生产和消费革命战略研究系列丛书"是我国能源领域广大院士和专家集体智慧的结晶。项目研究进行过程中形成的一些重要成果和核心认识，及时上报了中央和国家有关部门，并已在能源规划、政策和重大决策中得到体现。作为项目负责人，借此项目研究成果以丛书形式付梓之机，对参加研究的各位院士和专家表示衷心的感谢！需要说明的是，推动能源生产和消费革命是一项系统工程，相关战略和政策的研究是一项长期的任务，为继续探索能源革命的深层次问题，目前项目组新老成员在第一期研究成果（即本套丛书）的基础上已启动第二期项目研究。希望能源和科技领域的专家与有识之士共同努力，为推动能源生产和消费革命、实现我国能源与经济社会持续健康发展贡献力量！

中国工程院
"推动能源生产和消费革命战略研究"
重大咨询项目负责人　　　　2016 年 12 月 12 日

前　言

为深入贯彻党的十八大精神，全面落实中央财经领导小组第六次会议有关要求，"推动能源生产和消费革命"，实现我国能源工业的可持续发展，中国工程院启动了"推动能源生产和消费革命战略"重大战略咨询项目研究，项目下设6个课题，分别由有关院士担任课题组组长。经过两年多的工作，项目组完成了项目综合报告和各课题研究报告，并取得了一系列重要研究成果，经整理与提炼形成本系列丛书。

本书为本系列丛书的"能源生产革命的若干问题研究"卷，在分析国际能源发展趋势的基础上，研究了我国当前能源发展的突出问题，凝练了能源生产革命的若干基本判断，厘清了能源生产革命的战略思路，提出了近期、中期、远期战略目标，重点任务，政策支撑，以及若干重大建议。

本书认为，我国具备能源生产革命的必要性和基础，未来30~50年我国能源生产革命的战略思路可概括为"安全化、绿色化、智能化"，2020年初步构建、2030年基本形成安全、绿色、智能的能源系统，2050年全面实现能源安全化、绿色化和智能化，形成煤、油、气、核、可再生五足鼎立的多元化能源供应体系。

本书提出了能源生产革命的战略重点任务，包括：①实施以安全、绿色、高效、智能为核心的煤炭科学开发战略，大力提高煤炭科学产能水平；②常规和非常规油气资源开发并重，强化技术攻关与应用，实现石油长期稳产、天然气产量倍增发展；③加快燃煤污染物综合脱除与资源化利用技术，实现超低排放；④充分利用煤炭能源、资源双功能，实施煤炭高效率、高效益发电和分级、综合利用；⑤以占一次能源30%~40%及以上贡献率为目标，大比例开发利用可再生能源；

⑥发展更先进、更安全的核电技术和核能的多元化利用；⑦推进低能耗、低成本、规模化 CCUS（carbon capture, utilization and storage, 即碳捕集、利用与封存）技术研发与工程示范；⑧加大新能源汽车系统技术创新和规模化推广应用；⑨加快智能电网技术创新，实现发电、电网、用电、信息协调发展，以及能源与信息的高度融合；⑩加快发展化石能源与非化石能源耦合协调发展的智能化能源系统；⑪积极发挥能源绿色转型在协同推进新型工业化、城镇化、信息化、农业现代化和绿色化中的作用。

本书提出了推动我国能源生产革命的若干政策措施和对策建议。例如，启动绿色煤炭国家重大专项，制定"非常规油气中长期发展规划"，大力发展煤炭分级、分质转化和利用技术，推进核能规模化和多元化应用，建立优先利用可再生能源的体制机制，加大对低能耗、低成本、规模化 CCUS 技术的研发，加大新能源汽车研发投入，发展以智能电网为核心的能源综合信息网，等等。

受参研人员水平的限制，本中难免有不足之处，请读者批评、指正。

目 录

第一章 能源生产革命的背景 1
  第一节 中国能源供应现状 1
  第二节 中国能源生产面临的形势与挑战 5
  第三节 国际能源变革与科技创新方向 11
  第四节 中国能源生产革命的基本判断 14
第二章 中国能源生产革命的方向与战略重点 19
  第一节 中国能源生产革命的方向 19
  第二节 中国能源生产革命的目标 23
  第三节 能源生产革命的战略思路与战略重点 45
第三章 能源生产革命的科技创新 57
  第一节 煤炭科学开采科技创新 57
  第二节 油气勘探与开发科技创新 59
  第三节 先进核电技术和核能多元化利用科技创新 61
  第四节 可再生能源利用科技创新 64
  第五节 先进煤电与煤炭分级转化利用科技创新 72
  第六节 燃煤污染物综合脱除与资源化利用科技创新 73
  第七节 CCS/CCUS 科技创新 74
  第八节 新能源汽车科技创新 77
第四章 能源生产革命重大项目及建议 79
  第一节 能源生产革命重大工程 79
  第二节 能源生产革命重大产业 85
  第三节 能源生产革命政策建议 88
  第四节 能源生产革命重大畅想 93
参考文献 96

第一章 能源生产革命的背景

第一节 中国能源供应现状

"十一五"以来，我国能源行业积极落实节能减排政策，促进能源结构优化升级，不断提高能源效率。进入"十二五"后，能源行业基于"节约优先，立足国内，多元发展，保护环境，深化改革，科技创新，国际合作，改善民生"的能源发展方针和基本原则，产业体系进一步完善，能源供应能力明显提高，为经济社会快速发展提供了可靠支撑。

一、资源探明量不断增加

截至2013年年底，我国煤炭资源查明储量1.48万亿吨，石油剩余技术可采储量33.7亿吨，天然气剩余技术可采储量4.6万亿立方米，分别比2012年增加635亿吨、4 000万吨和2 639亿立方米[1]。根据中国石油经济技术研究院公布的数据[2]，我国非常规石油可采资源量为163亿~168亿吨，其中页岩油120亿吨，致密油20亿~25亿吨，油砂油23亿吨；非常规天然气可采资源量为20万亿~120万亿立方米，其中致密气9万亿~12万亿立方米，页岩气10万亿~25万亿立方米，煤层气11万亿立方米。我国可再生能源资源查明程度进一步提高，陆上70米高度3级及以上风能资源技术可开发量26亿千瓦，近海水深5~50米范围内100米高度3级及以上风能技术可开发量5亿千瓦[3]；太阳能可利用量22亿千瓦；水电剩余经济可开发装机容量2亿千瓦左右[4]；可用于能源化利用的生物质能资源量每年约4.6亿吨标准煤[5]。

二、供应能力显著提高

能源供应能力持续增强，初步形成了"五基一带"（山西、鄂尔多斯盆地、内蒙古东部地区、西南地区、新疆五大综合能源基地和东部沿海核电带）的能源生产格局。一次能源生产总量保持持续增长的态势（图1.1），连续多年位居世界第一[6,7]。2014年一次能源生产总量36.2亿吨标准煤，其中，原煤产量38.7亿吨，居世界第一；原油产量2.1亿吨，连续5年保持2亿吨以上，位居世界第四；天然气产量1 301.6亿立方米，同比增长约7.7%，位居世界第六。

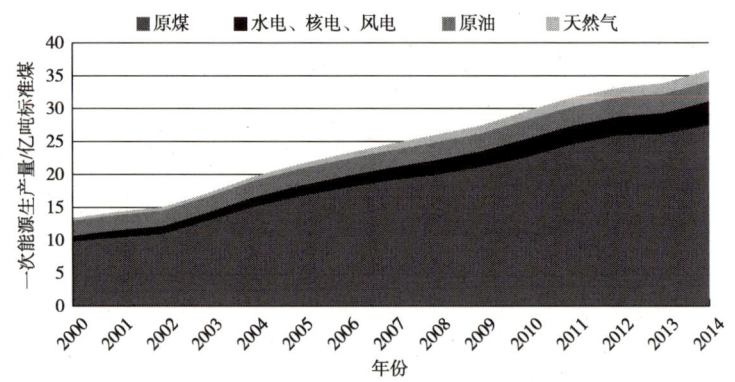

图1.1　2000~2014年我国能源生产结构

资料来源：2000~2013年数据源自《中国统计年鉴（2014）》；2014年数据源自国家统计局《2014年国民经济和社会发展统计公报》

据中国电力企业联合会（简称中电联）发布的《全国电力工业统计快报（2014年）》，2014年全国电力供需形势总体宽松，发电装机容量13.6亿千瓦，比2013年年末增长8.7%，位居世界第一，全口径发电量达5.5万亿千瓦时，同比增长3.6%；全国GDP增速7.4%，万元GDP能耗0.702吨标准煤，较2013年下降4.8%[8]。

三、能源结构调整步伐加快

为优化能源生产和消费结构，我国制定了一系列措施，稳步压减煤炭消费，加快发展清洁能源和可再生能源。我国煤炭产业集中度明显提高，14个大型煤炭基地产量占全国总产量的90%以上，年产120万吨以上大型煤矿产量占全国的66.5%[9]。高效环保发电机组比重持续提高，截至2015年年底，60万千瓦及以上机组占比达42.91%，超超临界机组装机规模居世界第一。目前我国6 000千瓦及以上现役燃煤发电机组中，90%已安装脱硫设施，居世界前列（美国约为55%），30%已安装脱硝设施。

2014年化石能源消费占能源消费总量的比重为88.6%，水电、风电、核电等非化石能源消费量占能源消费总量的11.4%。据中电联《全国电力工业统计快报（2014年）》数据，截至2014年年底，全国水电装机3.02亿千瓦（含抽水蓄能2 183万千瓦），发电量10 661亿千瓦时；并网风电装机9 581万千瓦，发电量1 563亿千瓦时，均居世界第一；太阳能发电装机2 652万千瓦，发电量231亿千瓦时；核电装机1 988万千瓦，发电量1 262亿千瓦时。2014年全年非化石能源新增装机占全部新增装机的比重为54.3%，非化石能源发电装机占电力总装机比重达到32.6%，较2013年提高约1.8个百分点（图1.2）[10]。

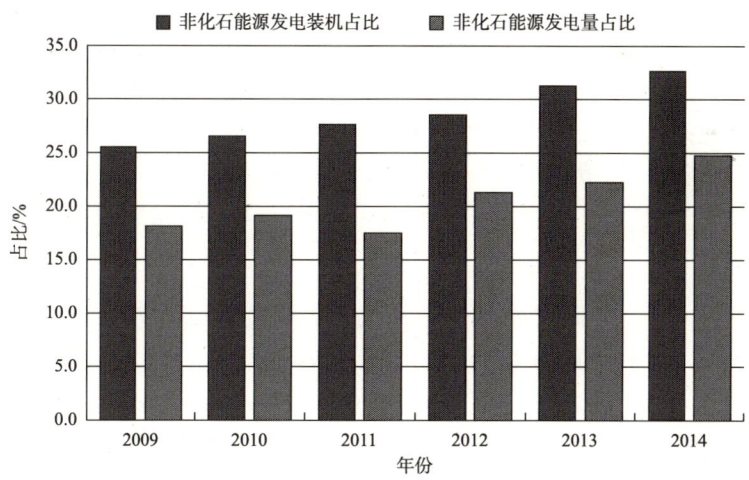

图1.2　2009~2014年我国非化石能源发电装机和发电量占比
资料来源：2009~2012年数据源自中电联电力工业统计基本数据；2013年数据源自《2014年度全国电力供需形势分析预测报告》；2014年数据源自《全国电力工业统计快报（2014年）》

四、能源科技创新与装备自主化能力稳步提高

持续实施国家科技重大专项,能源技术创新和装备国产化水平得到显著提升。资源勘探开发、加工转化技术取得突破,重大装备自主创新能力进一步增强。我国煤炭开采技术处于世界先进水平,最深开采深度已达 1 501 米,年产千万吨煤炭综采成套装备实现国产化,具有自主知识产权的年产百万吨级煤炭直接液化、60 万吨煤制烯烃、16 万吨煤间接液化建成投运;深海油气钻井平台建造取得重大突破,页岩气方面初步形成自主的水平井钻完井、大型体积压裂技术体系,世界首台 3000 型压裂车研制成功并投入现场应用;具备了百万千瓦级压水堆核电站自主设计、制造、建设和运营能力,初步建立了高温气冷堆和快堆产业,四代核电技术已经形成;特高压输电技术和相关装备的设计、制造和试验能力达到世界领先水平,相关原材料、关键组件国产化率持续提高;掌握了大型风电设备制造技术,具备世界先进水平的智能电网稳步推进。

五、能源国际合作稳步推进

务实推进能源国际合作,境外能源资源开发取得新进展,初步建成中亚合作区、非洲合作区、中东合作区、南美合作区和亚太合作区五大境外油气基地,初步形成西北、东北、西南和海上四大油气战略进口通道格局(图 1.3)。

我国与美国、澳大利亚、蒙古、印度等国的煤炭资源开发合作稳步推进,与周边国家的电力贸易持续增长;正式加入国际可再生能源署,与世界多个国家的可再生能源合作日益深化;中俄能源合作取得重大突破,2014 年 5 月 21 日,中俄两国政府在上海签署《中俄东线天然气合作项目备忘录》,规定从 2018 年起俄罗斯开始通过中俄天然气管道东线向中国累计供气 30 年,总价值将达 4 000 亿美元;成功主办第 11 届 APEC(Asia-Pacific Economic Cooperation,即亚洲太平洋经济合作组织)能源部长会议,会议发表了《北京宣言》,这代表中国政府

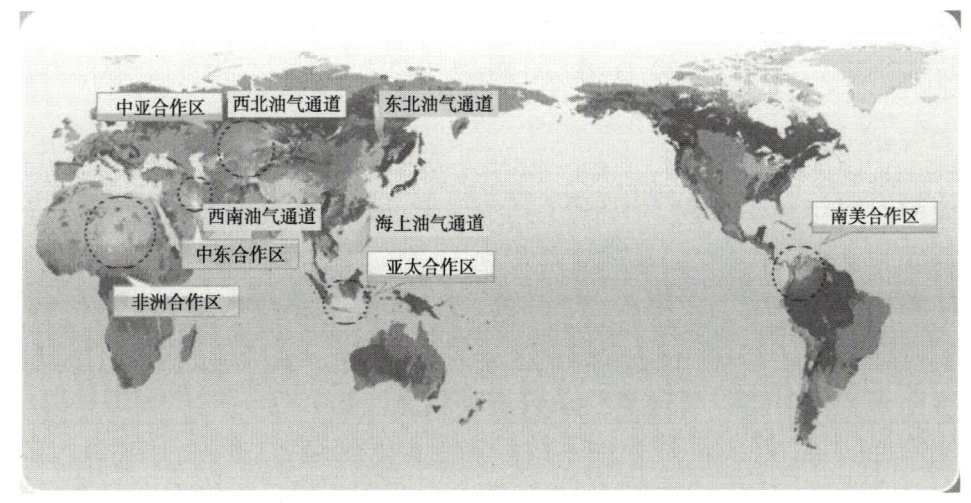

图 1.3 我国五大境外油气基地和四大油气战略进口通道

正式加入联合国"人人享有可持续能源"行动；中国与美国、澳大利亚牵头发布《G20能源合作原则》，中方计划2030年左右达到二氧化碳排放峰值，非化石能源占一次能源消费比重提高到20%左右。

第二节 中国能源生产面临的形势与挑战

我国能源工业的快速发展为国民经济和社会发展做出了重要贡献，但粗放的经济发展方式和"需求导向"的能源供应模式导致能源开发利用规模急剧扩大。在国际能源领域处于大调整、大变革和能源经济转型期的大背景下，我国能源生产面临新挑战，实现中华民族"两个百年梦想"和科学发展的宏伟目标，对能源生产提出了新的要求。我国能源国情有别于发达国家：我国处于工业化、城镇化和现代化发展过程中，能源消费还将持续增长；能源供应方面，煤炭占一次能源的70%左右，传统能源远未被优质化利用；环境容量已成为制约能源可持续发展的重大问题；油气对外依存度不断增大，能源安全形势严峻。能源安全稳定供应、气候变化和环境压力三个重大问题，不仅影响到未来能源可持续发展，也关乎人类社会可持续发展。

一、能源消费总量持续增加

我国能源需求仍将增长，能源消费总量大。进入21世纪后，我国能源消费年平均增速达7.5%（其中"十五"期间为8.36%、"十一五"期间为6.65%，"十二五"前两年为5.51%），2009年我国已成为世界能源消费第一大国。由表1.1可知，2000年我国能源消费总量为14.6亿吨标准煤，2014年已达到42.6亿吨标准煤。表1.2表明，自2000年以来，我国能源消费弹性系数波动较大。2005年开始，我国采取节能降耗政策，能源消费弹性系数呈现稳定下降趋势。但由于2008年国家经济政策调整的影响，能源消费弹性系数在此后3年明显上升，由2008年的0.41增长到2011年的0.76。2000~2013年我国能源消费弹性系数平均为0.73，如果剔除2003年和2004年两个特殊年份，能源消费弹性系数平均为0.59。

表1.1 2000~2014年我国能源消费总量及构成

年份	能源消费总量/亿吨标准煤	占能源消费总量的比重/%			
		煤炭	石油	天然气	水电、核电、风电
2000	14.6	69.2	22.2	2.2	6.4
2001	15.0	68.3	21.8	2.4	7.5
2002	15.9	68.0	22.3	2.4	7.3
2003	18.4	69.8	21.2	2.5	6.5
2004	21.3	69.5	21.3	2.5	6.7
2005	23.6	70.8	19.8	2.6	6.8
2006	25.9	71.1	19.3	2.9	6.7
2007	28.1	71.1	18.8	3.3	6.8
2008	29.1	70.3	18.3	3.7	7.7
2009	30.7	70.4	17.9	3.9	7.8
2010	32.5	68.0	19.0	4.4	8.6
2011	34.8	68.4	18.6	5.0	8.0
2012	36.2	66.6	18.8	5.2	9.4
2013	37.5	66	18.4	5.8	9.8
2014	42.6	66	17.1	5.5	11.4

资料来源：2000~2013年数据源自《中国统计年鉴（2014）》；2014年数据源自国家统计局《2014年国民经济和社会发展统计公报》

表 1.2 2000 年以来我国能源消费弹性系数

年份	能源消费比上年增长/%	GDP 比上年增长/%	能源消费弹性系数
2000	3.5	8.4	0.42
2001	3.3	8.3	0.40
2002	6.0	9.1	0.66
2003	15.3	10.0	1.53
2004	16.1	10.1	1.60
2005	10.6	11.3	0.93
2006	9.6	12.7	0.76
2007	8.4	14.2	0.59
2008	3.9	9.6	0.41
2009	5.2	9.2	0.57
2010	6.0	10.4	0.58
2011	7.1	9.3	0.76
2012	3.9	7.7	0.51
2013	3.7	7.7	0.48

资料来源：《中国统计年鉴（2014）》

2013 年，我国人均能源消费量约 2.76 吨标准煤，超过世界平均水平，但仅为发达国家水平的 1/3。鉴于我国处于工业化、城镇化、现代化的发展过程中，为实现经济稳定增长，即使以世界最先进的能效水平实现现代化，能源消费总量仍将再翻一番。BP《2030 年世界能源展望》预计，我国将在 2017 年取代美国成为世界最大的石油进口国，到 2030 年成为世界主导性能源进口国[11]。

二、能源安全形势严峻

石油产量增产潜力较小；天然气（包括非常规天然气）今后有较大增产空间，但对非常规天然气技术创新的依赖度较高；水电尚有 2 亿千瓦以上的发展潜力，但加快发展的制约因素增加；核电发展受到福岛核事故影响，发展速度减缓；风电、太阳能等可再生能源即使加快发展，近中期在能源结构中的占比仍十分有限；中国油气运输通道战略安全脆弱，能源安全预警应急体系不完善。随着全球政治环境变化、国际能源需求增加和资源争夺加剧，以及生态环境约束的加剧，未来我国能源安全形势严峻。

（一）油气对外依存度持续增高，能源通道存在重大隐患

据《中国的能源政策（2012）》白皮书，我国人均能源资源拥有量在世界上处于较低水平，煤炭、石油和天然气的人均占有量仅为世界平均水平的67%、5.4%和7.5%[12]。我国能源对外依存度迅速上升，特别是石油对外依存度从21世纪初的32%上升至2013年的58.1%；天然气进口530亿立方米，对外依存度也达到31.6%[13]；煤炭净进口3.2亿吨，成为全球最大的煤炭进口国。我国能源对外总依存度已超过18%，成为世界第一能源进口国，很可能即将成为第一石油进口国。BP《2030年世界能源展望》预测，到2030年，我国的石油对外依存度将会上升至80%（美国油气对外依存度的峰值是65%），天然气对外依存度高达42%[11]。我国80%的石油进口量经过马六甲海峡，石油的海上运输安全风险大[14]。我国原油进口区域的集中度较高，主要集中于中东地区和非洲，使我国石油安全处于上述地区的地缘政治风险之中。大量进口原油和天然气及其长距离输送等将给我国能源安全带来巨大压力。

（二）化石能源开发水平低，且远未优质化利用

我国煤炭资源地质开采条件较差，煤炭的采收率与国际水平比也还有较大差距，尤其是大量小煤矿采收率不到20%，远低于60%的正常水平，煤层气尚未合理开发，甚至成为瓦斯爆炸事故的根源。煤炭洗选率只有43%，低于国际水平约12个百分点。我国海域和非常规油气勘探开发相对滞后，技术尚不成熟，难以满足规模化开发需求[15]。

当前我国总体能源利用效率约33%，比世界先进水平低10个百分点。2013年我国经济总量占世界总量的12.3%，一次能源消费总量约占世界的22.4%。我国GDP增长过多依靠固定资产投资和出口拉动（图1.4），使高能耗产业过快增长，产业结构不合理，第二产业占我国能源消费近70%。同时，我国相关能源转化和用能装备技术能效偏低，先进高效能源技术的普及率仍然很低，在30%~50%，煤炭等化石

能源清洁高效利用技术开发滞后，远未得到优质化利用。

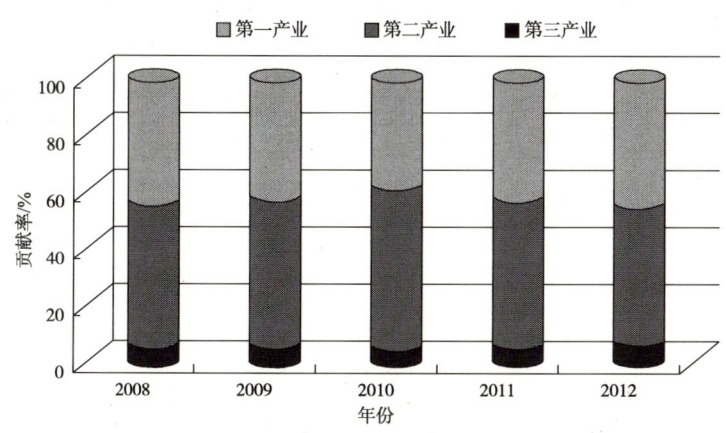

图 1.4　2008~2012 年我国三大产业对 GDP 增长的贡献率
资料来源：《中国统计年鉴（2013）》

三、能源消费结构亟待优化

"富煤、贫油、少气"的能源资源禀赋，使煤炭一直在我国一次能源生产和消费结构中占据主导地位。据中国工程院《中国能源中长期（2030、2050）发展战略研究》，2030 年和 2050 年煤炭在一次能源中的占比分别为 50% 和 40%[16]。

2014 年以水电为主的非化石能源仅占我国能源消费总量的 11.4%，远低于世界发达国家水平（图 1.5）[17]。可再生能源除水电、太阳能和地热能热利用等技术较为成熟外，风电、太阳能发电等新兴可再生能源技术还处于发展初期，开发利用的成本仍然较高，加上资源分布不均、市场规模小、不能连续生产等特点，可再生能源在现有市场条件下还缺乏竞争力。2014 年我国核电发电量仅占总发电量的 2.3%，远远低于 14% 的世界平均水平。我国煤炭用于发电的比例与世界发达国家相比还较低。

我国"以煤为主"的能源消费结构带来的能源可持续开发和生态环境问题，要求必须在加强煤炭清洁高效开发利用技术研发和应用的同时，积极调整能源结构，及时发展非化石能源，不断提高非化石能源在能源消费中的比例。

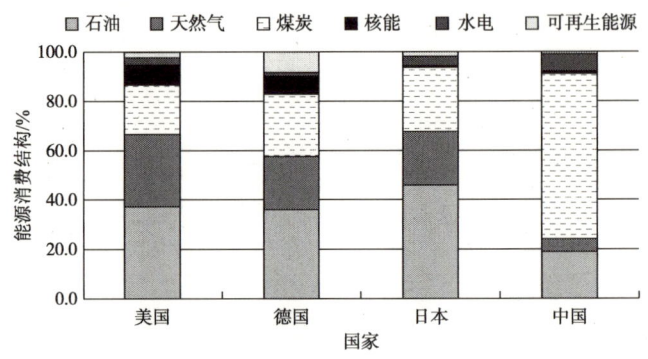

图 1.5 2012 年世界主要国家能源消费结构
资料来源：BP《世界能源统计年鉴》，2013 年

四、生态环境保护和碳排放问题突出

我国是煤炭开发和利用大国，煤炭开发引发地表沉陷、水资源流失、固体废弃物堆存等环境问题。每年因煤炭开采造成的土地占压和沉陷超过 4 万公顷，破坏地下水资源约 80 亿吨。我国未来煤炭规划区大部分集中在煤炭资源丰富的西北地区，晋、陕、蒙、宁、甘、新、青已成为我国最重要的煤炭产区（煤炭储量占全国的 81.2%以上，2012 年煤炭产量占全国的 68%，但水资源量仅占全国的 11.4%），但该区域生态环境脆弱，水资源严重短缺，水资源、土地资源以及生态环境保护将成为我国西部地区煤炭开发的关键制约因素。海上油气开发过程在正常工作状态下有相当数量的含油污水、钻井泥浆和钻屑排海，一旦发生重大溢油事故，对当地海洋生态环境会造成灾难性影响。我国化石能源利用排放的 SO_2、NO_x 和颗粒物分别约占人为源排放总量的 94%、60%和 70%，汞排放占 50%左右。据统计，目前我国烟尘、SO_2、NO_x 排放量的约 70%、90%、70%来自煤炭燃烧，由燃煤引起的二氧化碳排放约占化石燃料二氧化碳排放总量的 80%。电力行业耗煤量约占我国煤炭消耗量的一半，远低于发达国家水平（80%以上）。与这些主要耗煤国家相比，我国的煤炭消费行业过于分散，污染治理难度大。京津冀鲁、长江三角洲、珠江三角洲地区约占全国国土面积的 8%，却消耗全国约 42%的煤炭，生产约 55%的钢铁和 40%的水泥，加工了

约 52%的原油，布局了约 40%的火电机组，单位面积污染物排放强度是全国平均水平的 5 倍左右[18]。建设生态文明和美丽中国，必须转变末端治理环境污染的控制策略，从源头上改变以煤炭为主的能源结构，大力发展低成本、高效的清洁煤燃烧技术和洁净能源技术，以及提高非化石能源的比例。

2013 年我国二氧化碳排放量约 95 亿吨，比 2012 年增加 4.2%，占世界二氧化碳排放量的 27.1%[19]，已成为二氧化碳排放大国。2012 年多哈气候变化大会决定，在 2015 年制定新一轮具有法律约束力的全球减排协议，届时包括发达国家和发展中国家在内的所有国家都要确定更强有力的温室气体减排目标和措施。我国明确提出"十二五"期间单位 GDP 能源消耗降低 16%，单位 GDP 二氧化碳排放降低 17%的目标，到 2020 年单位 GDP 二氧化碳排放比 2005 年减少 40%~45%。2014 年 11 月，中美双方在北京共同发表了《中美气候变化联合声明》，宣布了各自 2020 年后的行动目标，我国计划 2030 年左右二氧化碳排放达到峰值且将努力早日达峰，美国则承诺确保 2025 年温室气体排放量较 2005 年下降近四分之一。未来温室气体减排压力巨大，使我国以煤为主的能源消费结构和粗放型的经济增长方式面临严峻挑战。

同时，对于新能源和可再生能源开发利用过程中可能引发的环境问题也必须给予足够重视，提前研究。例如，核能开发利用可能引发的环境风险，风电、太阳能项目建设可能引发的噪声、光污染，以及鸟类生存、草原生物链等潜在的生态问题。

第三节 国际能源变革与科技创新方向

国际能源变革总体上朝着清洁、高效、低碳、可持续的方向发展。技术创新推动全球能源格局从"化石能源"到"多元化能源"时代转变。全球能源技术创新进入高度活跃期，呈现多点突破、加速应用、影响深远等特点。从生产端而言，非常规油气和可再生能源技术逐步实现大规模应用，全球能源结构加速调整，能源格局向多元化演进；需求侧的电动汽车、输送环节的智能电网和用电侧的电力市场处在市场导入期,可燃冰开发、碳捕集封存(carbon capture and storage, CCS)等技术有望取得新突破。能源技术革命已经引发了产业革命,并将引领全球进入新一轮工业革命。《第三次工业革命》展望了互联网和新能源相结合的第三次工业革命:可再生能源、分散式生产、储存间歇式能源、基于能源互联网的智能电网,以及清洁排放的交通方式将成为未来能源革命的五大特征。

美国围绕"能源独立",大力发展非常规能源和可再生能源,保障能源供给和能源安全;欧盟以低碳化为核心实现能源转型,发展低碳经济;日本大力发展清洁能源技术,提高能源利用效率,优化能源消费结构。

一、美国能源变革与科技创新方向

自20世纪70年代石油危机开始,历届美国总统都把保证"能源安全"作为国家战略,强调节能和实现能源供应渠道的多元化,降低对中东油气资源的过分依赖。目前,美国能源变革的方向是:增加国内能源供应,降低化石能源比重,大力开发新能源,实现能源基本自给。

美国奥巴马政府提出能源政策构想与"新能源计划",其核心是:①提高能源利用效率,降低对化石燃料特别是进口石油的依赖;②重视新能源开发,增加投资,鼓励新能源相关技术的研究和应用;③增加可再生能源发电量,降低碳排放。奥巴马能源新政主要有两个特点:一是内部化,集中力量调整美国的能源结构,开发近海石油与非常规油气,发展节能技术,力求以美国本土的资源满足国内的能源需求;二是绿色化,加强对生物能、风能和太阳能等清洁能源的开发利用,提高能源利用效率,实现节能减排,减少对石油的依赖。"能源独立"战略和非常规油气的大规模开发,使得美国能源自给率逐渐提高,美国崛起为可与中东比肩的全球能源板块,对世界能源格局和发展趋势产生重大影响。

二、欧盟能源变革与科技创新方向

欧盟能源政策的核心是大力发展低碳经济,提高可再生能源比例和能源利用效率,加强环境保护。欧盟通过实施"温室气体排放交易计划"、"第六框架计划"(2002~2006年)等,大力发展燃煤发电超低排放技术和 CCS 技术,重点放在改进传统煤炭利用技术、推进建设 IGCC(intergrated gasification combined cycle,即整体煤气化联合循环发电)电厂、生物质与煤联合气化、烟道气干法脱硫和脱氮新工艺开发上。通过发展低碳能源,欧盟提出到 2020 年温室气体排放量要在 1990 年的基础上下降 20%,2050 年减少 80%。

为确保石油安全供应,欧盟一是制订了保障供应方案,包括建立石油应急储备、控制需求增长、确保外部供应等政策,大力推进能源多元化,推出积极的能源供应策略;二是建立相当于 90 天以上石油进口量的石油战略储备;三是征收生态税(包括燃料税、石油税等),用于引导消费和调节市场供应。

三、日本能源变革与科技创新方向

日本能源政策的核心是积极拓宽能源进口渠道,保障优质能源特别是石油安全供应,大力发展清洁能源技术,提高能源利用效率,减少对化石能源的依赖。

为确保石油安全供应,日本制定以下战略措施和对策:一是通过参与国际石油勘探开发和发展国内外炼油业,积极拓宽石油进口渠道,寻求石油进口多元化;二是建立相当于 90 天以上石油进口量的石油战略储备,并以《石油储备法》作为法律保障;三是通过征收石油消费税,用于指导能源消费、降低能耗和调节市场需求,并通过立法给予资金、技术等支持和保障,减少环境污染,控制和降低 SO_2 排放量。

煤炭约占日本能源消费总量的 25%,日本致力于推动煤炭清洁高效利用,计划在 2030 年前分 3 个阶段研究开发煤炭高效清洁利用技术,提出了以煤炭气化为核心,同时生产电力、氢和液体燃料等多种产品,

并对 CO_2 进行分离和封存的煤基能源系统。在"面向 2030 年的新日本煤炭政策"中明确将此技术作为未来煤基近零排放的战略技术，以及实现"循环型社会"和"氢能经济"的产业技术。

纵观国际能源发展，世界能源发展趋势可归纳为：

（1）世界未来能源发展方向是多元化、清洁化、低碳化。

（2）未来 20 年化石能源仍将是世界能源的主体（仍将占一次能源的 80% 左右），实现高碳能源低碳化高效利用是化石能源发展的方向。

（3）石油在全球能源消费结构中的比例将持续下降，天然气比例略有上升，页岩气、致密油等非常规能源将有较大发展，风能、核能等新能源技术将进入快速工业化阶段，低碳、洁净的新能源在全球能源消费结构中的比例将逐步提高。

第四节　中国能源生产革命的基本判断

未来二三十年是我国能源体系的转型期和实现能源生产革命的窗口机遇期。我国能源体系从现在比较粗放、低效、污染、欠安全的能源体系，逐步转型为节约、高效、洁净、多元且安全的现代化能源体系，进入安全、绿色、低碳、智能的能源发展阶段。从新能源开发利用水平和能源发展潜力来看，我国已基本具备能源生产革命的基础条件。

一、煤炭可以做到科学开采和清洁高效利用

我国 3 000 米以浅煤炭资源总量 103 340 亿吨，其中大陆区 2 000 米以浅煤炭资源量 58 260.2 亿吨，大陆区 2 000 米以深的超深部煤炭资源量 13 310 亿吨，我国周边海域煤炭资源量 31 765 亿吨。按照目前煤炭开发速度，我国煤炭可以稳定地开发 200 年，基本满足我国经济社会发展对煤炭资源能源的需求，对维护国家能源安全、实现中华民族伟大复兴的中国梦具有重大现实意义和深远的战略意义。

绿色煤炭已具备了快速发展的条件，拥有近 40 亿吨/年的生产能

力，以及煤矿分布式地下水库、超超临界燃煤电站和超低排放燃煤发电技术、百万吨级煤直接液化等一批世界领先技术。煤炭开发通过以安全、绿色、高效、智能开发为核心的煤炭安全高效开采和煤炭绿色开采技术变革，提升安全绿色开发技术水平，淘汰落后生产能力，能够实现科学开采，稳步提高科学产能。煤炭利用通过大幅提高煤炭用于发电和多联产的比例，提高煤炭规模化、集约化、洁净化利用程度，加快实施燃煤电站污染物综合脱除与超低排放，尽快推进跨行业系统集成的煤炭转化利用，可实现煤炭高效率、高效益发电和综合利用，达到利用天然气的燃气轮机的主要污染物排放标准，即烟尘<5毫克/标方，SO_2<35毫克/标方，NO_X<50毫克/标方。

二、坚持稳油增气，依靠常规和非常规气并重，实现天然气产量倍增发展

未来30年油气供应格局难以改变，但美国"页岩油气革命"正改变全球油气格局，"自西向东"流动有利于我国分享利用国外资源。石油、天然气，特别是天然气是未来相当长时期内保障我国能源安全、改善能源结构的最现实品种。我国常规与非常规石油可采资源量约400亿吨，天然气可采资源量约50万亿立方米（不含天然气水合物），截至2012年年底已累计采出石油58亿吨、天然气1.0万亿立方米，剩余探明和待发现资源还很丰富。油气开发坚持"油气并重、陆海并重、浅深并重、常规与非常规并重"，积极推动油气生产技术与生产方式革命，加强新区勘探开发和老区提高采收率，同时借鉴美国页岩气开发的经验，进一步提升非常规天然气开发利用的战略地位，积极推动致密气、煤层气、页岩气和天然气水合物等非常规天然气的开发，到2050年可实现石油长期稳产，天然气产量倍增发展。

三、已初步形成规模化发展可再生能源的良好局面

可再生能源的规模化开发和经济化利用是改变能源结构的决定因素。中国可再生能源储量丰富，制造产业发展迅速，具备未来成为主

流能源的资源和设备条件。根据最新资源普查数据，我国水电技术可开发量为 6.6 亿千瓦。陆上风能技术可开发资源量约为 26 亿千瓦，加上海上和陆地低风速风能资源超过 30 亿千瓦。太阳能资源丰富地区占到陆地国土面积的三分之二。农林剩余物资源丰富，加上生活垃圾和畜禽养殖等废弃物资源，生物质能源利用的资源量总计每年约折合 4.6 亿吨标准煤。地热能、海洋能资源潜力也很大。

我国初步建成较有竞争力的可再生能源产业体系，形成了完整的、具有国际竞争力的水电设计、施工和运行体系，风能、光伏、太阳能热利用等非水可再生能源装备产品和技术在全球也处于领先水平，生物质能发电设备技术成熟，沼气设备可满足市场需要，全国已建立了支撑可再生能源规模化发展的产业制造能力。

可再生能源供应总量不断增加，已成为能源系统中重要组成部分。可再生能源发电连续多年在全国新增电源装机中超过 30%，2013 年接近 60%；风电已是我国仅次于火电、水电的第三大电源，在内蒙古、甘肃等地的用电量比重超过了 10%，虽然可再生能源在全国能源和电力消费中的比重还不高，但在局部地区、部分时段，可再生能源发电已成为重要的替代电源。随着煤炭消费总量控制及部分重点区域减量化替代要求的提出，可再生能源在这些地区已开始展现出成为未来主导能源的潜力。

四、核电具备规模化、多元化发展的基础

目前核电发展面临战略机遇期，基本不存在核资源的制约因素，在安全、科技、装备、运营、厂址方面具备规模化发展的条件。

我国核电自秦山核电站一期机组投运二十多年来，运行业绩良好，主要运行业绩处于世界中上水平，部分指标达到国际领先水平，经济效益逐步提高；核电行业装备先进，具备后发优势；目前，已自主开发出具有自主知识产权的先进压水堆核电技术，国内示范工程开工建设，核电在建规模世界第一，国际项目开工建设，实现了"核电走出去"。高温气冷堆和快堆产业联盟初步建立，推动我国四代核电技术进步的局面已经形成，标志着我国进入世界先进核电水平的第一阵营。

核燃料保障程度不断提高，乏燃料后处理稳步推进，已经建成中低放射性废物近地表处置场，正在开展高放射性废物深地质处置设施的选址工作，能够保障核电发展需要。

五、CCS/CCUS 技术前景广阔

目前 CCS/CCUS（carbon capture and storage/carbon capture, utilization and storage，即碳捕集、封存/碳捕集、利用、封存）技术仍处于研发和示范阶段，相关技术不成熟、能耗和成本较高，现阶段还难以大规模推广应用，从全生命周期分析来看，减排 CO_2 数量很有限。我国要大量减排 CO_2，应优先考虑强化节能降耗，大力发展新能源和煤炭清洁高效利用技术，并加大对 CCS/CCUS 强有力的政策支持。

我国发展 CCS/CCUS 技术虽起步较晚，与国外有一定差距，但具有较好应用前景：一是适合 CO_2 捕集的集中排放源较多、排放量较大，如燃煤电厂、钢厂、水泥厂、煤化工厂等；二是理论封存潜力大，有盐水层、油气层、煤层等地质体；三是 CO_2 可利用途径多，有 CO_2 驱油、驱煤层气、化工利用等。如果将 CCUS 与新能源结合在一起，既可以将 CO_2 用于增产油气、微藻制油、合成气、甲醇、开发地热等新能源，又可用新能源产生的电能捕集 CO_2、电解 H_2O/CO_2，生产合成燃料以及为新能源汽车充电等，提高新能源利用效率，减少 CO_2 排放。

六、新能源汽车发展前景光明

随着中国经济快速发展和城市化不断推进，我国交通已经呈现出"点—线—面"的结构，而且在可以预见的未来（2020~2050 年），城镇化进程将进一步加强和完善，我国的新能源汽车在"点—线—面"上均有特色车型，具有巨大发展潜力，其发展规模已经初显雏形。发展新能源汽车，我国车用能源消耗和污染物排放将在 2030 年出现拐点，有效降低我国石油对外依存度，改善环境质量。新能源汽车的大规模运用必须突破车用动力电池技术瓶颈，创新新能源汽车产品、基

础设施和商业模式之间的关系及相互促进作用，积极促进商业模式创新和基础设施建设，解决人们对电动汽车"喜而不买"的现状。电动汽车可利用充放电时间的灵活性与间隙性强的可再生能源实现耦合发展，减少对火电的依赖。

第二章　中国能源生产革命的方向与战略重点

第一节　中国能源生产革命的方向

世界能源发展经历了两次重大变革：第一次变革是煤炭代替薪柴；第二次变革是油气代替煤炭。第三次能源变革将带领我们进入可再生能源时代。在第三次能源变革中，新能源和可再生能源发展势头迅猛，将在整个能源结构当中占据主导地位。新一轮能源变革的目标是以新能源（如核能）和可再生能源（包括水能、生物质能、太阳能、风能等）逐步代替化石能源。能源生产方式变革的要义是加快一次能源向低碳转型，加速提高核能、可再生能源在一次能源结构中的比例。能源变革的基本内涵是信息技术与可再生能源相结合，形成能源互联网，为第三次工业革命提供基础。

在国际能源结构加速变革的形势下，党的十八大报告提出推动我国能源生产和消费革命。2014年6月13日，习近平总书记在中央财经领导小组第六次会议上，明确提出了我国能源安全发展的"四个革命、一个合作"战略思想：推动能源消费革命，抑制不合理能源消费；推动能源供给革命，建立多元供应体系；推动能源技术革命，带动产业升级；推动能源体制革命，打通能源发展快车道；全方位加强国际合作，实现开放条件下能源安全。这标志着我国进入能源生产和消费革命的新时代。

结合国际能源发展方向和我国能源发展战略，我国能源变革方向应以"能源资源保障多元化和安全化、能源生产绿色化和高效化、能源系统信息化和智能化"为方向,构建一个国际先进、高效节能、绿色环保、多元互补、安全有保障的智能能源消费和供应体系[20,21]。

一、能源资源保障多元化和安全化

面对新的国际能源形势和格局变化,我国应根据自身国情,实现能源的科学供给,对内推行节能增效,加大油气勘探开发力度,大力发展新能源和可再生能源,建立石油战略储备等政策,建立稳定的国内能源供应体系;对外推行合作与多元化政策,建立可靠的国外能源供应体系。通过这两个体系的建立,维护国家能源安全,保证国家可持续发展。

(一)以科学供给满足合理的能源需求

为支撑经济社会的科学发展,必须统筹发展速度、产业结构和消费模式,转变"需求导向"的现有能源供需模式,实现有控制的健康发展,"以科学的供给满足合理的需求",逐步降低能源弹性系数。

(二)充分利用"两种资源、两个市场"

我国正处于工业化、城镇化、现代化加快推进时期,要增强资源保障能力,必须"立足国内,面向世界",大力开发两种资源(国内和国外能源资源),充分利用两个市场(国内和国外能源市场),积极进口石油、天然气、金属铀和其他能源资源等,鼓励国内厂商到海外投资油田和石油加工基地,吸引外国厂商到国内开发石油和天然气资源,以获取稳定的、多样化的能源供给,提高我国能源投资效益。推进"丝绸之路经济带"和"21世纪海上丝绸之路"(即"一带一路")合作建设,构建中巴、孟中印缅等经济走廊,积极支持能源技术、装备和工程队伍"走出去"。

(三)加强深部煤炭、非常规油气、海域油气等新类型和新领域化石能源的勘探与开发利用

加快深部煤炭资源开采技术变革,保障深部煤炭的安全高效开采,

重点研究深部煤矿应力场-裂隙场-渗流场基础理论、开发深部大型矿井建设技术、深部工作面智能化无人开采技术、深部矿井降温与地热利用技术、煤矿水害防治技术、煤与瓦斯共采技术、煤与地下水共采技术、深部煤矿动力灾害防治技术。

加强非常规油气的开发利用，充分发挥"产、学、研、用"协调攻关优势，加强非常规油气基础理论研究、关键技术攻关、资源潜力评价与相关标准制定；加大先导开发示范区建设，尽快形成适合我国地质地表条件的技术体系和环境友好、经济合理的发展方式。近期应以致密油、致密气为重点，加快扩大生产能力；稳步推进页岩气、煤层气开发，逐步扩大产量规模。因地制宜、有序发展煤炭制油气等煤炭清洁转化产业。

切实推进"主权属我、搁置争议、共同开发"战略实施，采取合作与自营相结合，加快南海油气勘探开发，实现我国油气行业跨越式发展。发挥"两种资源，两个市场"的作用，到2050年实现石油长期稳产，天然气产量倍增发展。

二、能源生产绿色化和高效化

能源生产绿色化和高效化是我国能源革命的必由之路。我国煤炭占化石能源基础储量的96%，这种能源禀赋结构决定了"以煤为主"的能源格局在相当长时期内难以改变。大量化石能源的使用引发的污染物和温室气体排放等环境问题，迫切要求加快能源生产系统绿色化进程，重点是煤炭科学开发和清洁转化与利用的绿色煤炭技术；同时，大力发展油气开发与炼制对地下水系统、地表生态、大气环境影响的控制技术；大力发展核能、风能、太阳能、水能等开发利用的环境保护技术。

绿色煤炭的首要问题是大幅提高煤炭用于发电、热电联供和多联产的比例，淘汰落后小锅炉、小窑炉和散烧煤，提高包括工业锅炉在内的煤炭规模化、集约化利用和污染物减排技术水平，发展煤炭有效成分分级转化、综合优化利用技术和用煤系统，充分利用煤炭的能源、资源双功能，可实现煤炭高效率、高效益发电和综合利用，达到与利用天然气的燃气轮机发电相当的污染物排放标准。

（一）提高能源开发与生态相协调水平

党的十八大报告系统性提出了我国今后大力推进生态文明建设的总体要求，强调要把生态文明建设放在突出地位，要纳入社会主义现代化建设总体布局。我国化石能源的开发必须突出生态环境保护，加强生态环境保护技术的开发应用，在实现资源高采出率的同时，大幅度减轻能源开采对生态环境的扰动和影响，甚至"恢复优于初"，恢复和补偿历史欠账，使生态环境得到有效保护，建立与自然相协调的生态平衡机制。

（二）大幅提高煤炭清洁高效利用水平

发电是煤炭利用最主要的方式，具有污染物易集中处理的突出优点。我国应大幅提高煤炭大规模用于发电的集约化程度，争取 2020 年电煤比例达到 65% 以上，2030 年达到 70%，2050 年达到 80%；提升燃煤机组的整体性能，在发展高技术水平的新建煤电机组"增量"的同时，提高在运煤电机组"存量"的技术水平，以增量的技术进步带动存量的技术水平，以动态存量整体水平的提高确保我国煤电技术在国际上的领先地位；推进跨煤电和煤化工行业系统集成的煤炭转化利用技术，充分利用煤炭的能源、资源双功能，以煤炭电力生产为核心，煤气化为龙头，分级转化、分质提取，充分利用煤中相应组分及污染物废弃物，生产高附加值产品，大幅降低污染物排放，实现煤炭高效率、高效益发电和综合利用；加大工业锅炉的效率提升和污染物减排力度；积极开展适合我国国情的污染物高效脱除与协同控制技术，发展烟气污染物资源化回收技术，实现燃煤电厂达到燃气标准的超低排放和硫、氮等污染物的资源化回收。发展具有中国特色的 CCS/CCUS 技术，抢占全球 CCS/CCUS 工程示范制高点。

（三）加快发展非化石能源

我国可再生能源资源潜力大，已初步建成了较有竞争力的可再生能源产业体系，大规模开发利用可再生能源既是我国当前调整能源结构、节能减排、合理控制能源消费总量的迫切需要，也是我国未来能源可持续利用和转变经济发展方式的必然选择。可再生能源的开发利用应坚持有序发展水电，加快非水可再生能源的开发，以到2050年占一次能源"半壁江山"为目标，大比例地有效开发和利用可再生能源。我国核电应实施"安全高效"的发展战略，坚持"战略必争、确保安全、稳步高效、产业协同"的方针，积极迎接核电发展的战略机遇期。应加快建立非化石能源替代化石能源应用的市场机制，在加快推进煤炭等化石能源清洁化利用的同时，利用市场机制，促进可再生能源在发电、供热、制气等方面的规模化应用。

三、能源系统信息化和智能化

大规模可再生能源、分布式电源和能源互联网是第三次工业革命的核心要素，推进新能源技术、信息技术和智能电网全面融合，抢占科技创新制高点，对于促进我国把握和引领第三次工业革命潮流，实现中华民族伟大复兴的中国梦具有重大意义。

在优化单个能源生产单元自动化的基础上，智能化强调能源生产与消费的双向智能互动，实现整个能源系统的最优化，中国作为世界第一的能源生产及消费国与年汽车销量最大国，为智能能源系统的发展提供了广阔空间。我国未来能源供应体系将由化石与非化石多元化能源构成。实现能源开发、输送、分配和利用系统的安全高效运行，必须依靠能源系统智能化技术，为能源系统，特别是电力的灵活、安全、互补、高效的生产和消费提供技术支撑。在能源生产领域，重点是开发智能化发电设备，使电力生产和并网实现智能化运行。在能源输送、分配和应用方面，重点是发展智能电网和科学用能，为电力调度、输电、电网和用电安全运行提供支撑。

第二节 中国能源生产革命的目标

一、能源生产革命的战略目标

综合考虑合理控制能源消费总量和调整能源结构，基于现有可预期的政策及技术条件，对 2020 年、2030 年和 2050 年我国一次能源生产总量和结构目标进行预测。预测采用间接法，以 GDP 和单位 GDP 能耗为变量，建立生产能源需求预测函数。所引用历史数据来源于《中国统计年鉴》、《中国能源统计年鉴》、各课题组调查数据等，能耗统计按发电煤耗计算法。

我国能源生产总量和结构目标预测如表 2.1 所示。

表 2.1 我国能源生产总量和结构目标预测

项目		2020 年		2030 年		2050 年			
						情景 1		情景 2	
		产量/亿吨标准煤	比例/%	产量/亿吨标准煤	比例/%	产量/亿吨标准煤	比例/%	产量/亿吨标准煤	比例/%
国内生产	煤炭	27.4	57.1	25.5	45.5	20.9	34.8	17.3	28.8
	石油	3.1	6.5	3.1	5.5	3.1	5.2	3.1	5.2
	天然气	3.1	6.5	4.7	8.4	5.7	9.5	5.7	9.5
	核能	1.4	2.9	4.6	8.2	8.8	14.7	8.8	14.7
	商品化可再生能源	6.5	13.5	9.0	16.1	14.3	23.8	17.9	29.8
进口能源		6.5	13.5	9.1	16.3	7.2	12.0	7.2	12.0
一次能源供应总量		48	100	56	100	60	100	60	100

注：①按 2010 年可比价格计算，GDP 增速：2016~2017 年为 6.8%；2018~2020 年为 6.2%；2020~2025 年为 5.5%；2025~2030 年为 5%；2030~2040 年为 4%，2040~2050 年为 3%。②按 2010 年可比价格计算，单位 GDP 能耗：当前至 2017 年为 4.5%；2018~2020 年为 4%；2020~2025 年为 3.7%；2026~2030 年每年下降 3.3%；2030~2040 年为 3.1%；2041~2050 年每年下降 3%。③年均发电标准煤耗：2020 年 295 克/千瓦时；2030 年为 290 克/千瓦时；2050 年为 275 克/千瓦时

2020 年一次能源供应能力 48 亿吨标准煤，其中国内生产能力 41.5 亿吨标准煤。化石能源供应量 40.1 亿吨标准煤，占一次能源供应总量的 83.5%，其中，国内煤炭产量 27.4 亿吨标准煤；石油产量 2.2 亿吨原油（折合 3.1 亿吨标准煤）；天然气产量约 2 350 亿立方米（折合 3.1 亿吨标准煤）。非化石能源产量 7.9 亿吨标准煤，占一次能源供应总量的 16.5%，其中，核电产量 1.4 亿吨标准煤，商品化可再生能源产量 6.5 亿吨标准煤。

2030 年一次能源供应能力 56 亿吨标准煤，其中国内生产能力 46.9 亿吨标准煤。化石能源供应量 42.4 亿吨标准煤，占一次能源供应总量的 75.7%。其中，国内煤炭产量 25.5 亿吨标准煤；石油产量 2.2 亿吨

原油（折合 3.1 亿吨标准煤）；天然气产量约 3 500 亿立方米（折合 4.7 亿吨标准煤）。非化石能源产量 13.6 亿吨标准煤，占一次能源供应总量的 24.3%，其中，核电产量 4.6 亿吨标准煤，商品化可再生能源产量 9.0 亿吨标准煤。

2050 年为远期目标预测，可再生能源开发利用受环境约束、技术发展和政策驱动等因素的影响，不确定性较大。对 2050 年能源生产目标的预测分两种情形：情景 1 为综合考虑资源潜力、环境约束和社会总成本等多方因素的平稳发展方案；情景 2 为强调环境约束的积极推进方案，是主要推荐方案。在可再生能源技术出现重大突破和相关政策配套完善的情况下，2050 年商品化可再生能源有望达到一次能源供应总量的 40%。

情景 1（平稳发展方案）：2050 年一次能源供应能力 60 亿吨标准煤，其中国内生产能力 52.8 亿吨标准煤。化石能源供应量 36.9 亿吨标准煤，占一次能源供应总量的 61.5%。其中，国内煤炭产量 20.9 亿吨标准煤；石油产量 2.2 亿吨原油（折合 3.1 亿吨标准煤）；考虑海陆过渡相和陆相页岩气、天然气水合物实现重大突破，2050 年天然气产量有望达到 4 300 亿立方米（折合 5.7 亿吨标准煤）。非化石能源产量 23.1 亿吨标准煤，占一次能源供应总量的 38.5%，其中核电产量 8.8 亿吨标准煤，商品化可再生能源产量 14.3 亿吨标准煤。

情景 2（积极推进方案）：2050 年一次能源供应能力 60 亿吨标准煤，其中国内生产能力 52.8 亿吨标准煤。化石能源供应量 33.3 亿吨标准煤，占一次能源供应总量的 55.5%。其中，国内煤炭产量 17.3 亿吨标准煤；石油产量 2.2 亿吨原油（折合 3.1 亿吨标准煤）；考虑海陆过渡相和陆相页岩气、天然气水合物实现重大突破，2050 年天然气产量有望达到 4 300 亿立方米（折合 5.7 亿吨标准煤）。非化石能源产量 26.7 亿吨标准煤，占一次能源供应总量的 44.5%，其中核电产量 8.8 亿吨标准煤，商品化可再生能源产量 17.9 亿吨标准煤。

（一）煤炭发展目标

煤炭按照"控制东部、稳定中部、发展西部"的科学产能总体布局，东部地区新井建设控制在1 000米以浅，生产规模下降；中部地区建设接续型新井，淘汰落后小煤矿，稳定生产规模；西部地区根据水资源、生态环境容量，建设煤炭、煤电和煤炭深加工基地。通过关闭淘汰落后产能，改造提升具备一定基础条件的中小矿井，高标准新建符合科学产能的大型矿井，我国煤炭生产布局不断优化，形成煤炭生产的大基地、大集团。

提高煤炭科学产能分三个阶段：

2016~2020年：煤炭产能控制在40亿吨以内，其中科学产能由2013年的16.56亿吨提高到2020年的26.9亿吨以上。

2020~2030年：煤炭产能控制在40亿吨以内，煤炭产量35.7亿吨，其中科学产能32.1亿吨，占煤炭生产总量的90%。

2030~2050年：煤炭产能控制在40亿吨以内，科学产能占100%，产量持续下降，由2030年的35.7亿吨下降到24.2亿~29.3亿吨。

（二）油气发展目标

未来我国油气生产应坚持"油气并重、陆海并重、浅深并重、常规与非常规并重"的原则，加强新区勘探开发，加强老区提高采收率，加强新类型超前探索，依托油气生产技术与生产方式革命，努力实现石油稳产并有增长，天然气产量倍增发展。

2016~2020年：石油产量达到2.2亿吨，其中常规石油产量2.0亿吨，非常规石油产量0.2亿吨。天然气产量2 350亿立方米，其中常规天然气1 400亿立方米，致密气550亿立方米，煤层气300亿立方米，页岩气100亿立方米。

2020~2030年：石油产量维持2.2亿吨，其中常规石油产量1.9亿吨，非常规石油产量0.3亿吨。天然气产量3 500亿立方米，其中常规天然气1 500亿立方米，致密气1 000亿立方米，煤层气和页岩气各500亿立方米。

2030~2050年：石油产量维持2.2亿吨，其中常规石油产量1.8亿吨，非常规石油产量0.4亿吨。天然气产量3 500亿立方米，其中常规天然气1 300亿立方米，致密气1 000亿立方米，页岩气升至700亿立方米,煤层气维持 500 亿立方米规模。如果海陆过渡相和陆相页岩气、天然气水合物实现重大突破,2050 年天然气总产量有望达到 4 300 亿立方米。

(三)核能发展目标

2016~2020 年:核电运行装机容量达到 5 800 万千瓦,在建 3 000 万千瓦,核电在一次能源中占比为 2.9%。

2020~2030 年:核电规模预测将达到 1.5 亿~2 亿千瓦装机,占总发电量的 10%以上,占一次能源生产总量的 8.2%,压水堆核电站实现规模化发展,快堆技术逐步实现商用推广,建立核燃料闭式循环。

2030~2050 年:预计 3.5 亿~4 亿千瓦装机,约占总发电量的 20%,占一次能源生产总量的 12.8%~14.7%,成为我国能源重要支柱之一。

(四)可再生能源发展目标

2016~2050 年为能源转型阶段,分为三个阶段(表 2.2)。

表 2.2　可再生能源发展战略目标

项目	2020 年	2030 年	2050 年
一、发电			
水电/万千瓦	42 000	51 000	69 000
其中:常规水电	35 000	40 000	53 000
抽水蓄能	7 000	11 000	16 000
风电/万千瓦	20 000	40 000	80 000~100 000
其中:海上风电	3 000	8 000	15 000~20 000
太阳能发电/万千瓦	10 000	20 000	60 000~130 000
其中:光伏发电	9 500	17 500	46 000~100 000
光热发电	500	2 500	14 000~30 000
生物质发电/万千瓦	3 000	3 500	3 500
地热能发电/万千瓦	15	80	1 600
海洋能发电/万千瓦	10	100	1 000
二、热利用			
太阳能集热面积/亿平方米	8	10	14
生物质热利用			
其中:生物燃气/亿立方米	440	800	1 400
生物成型燃料/万吨	5 000	5 000	8 000

续表

项目	2020年	2030年	2050年
地热热利用/万吨标准煤	2 000	5 000	10 000
三、交通燃料			
燃料乙醇/万吨	800~1 000	1 250~1 500	3 000
生物柴油/万吨	200~240	500~600	800
可再生能源供应总量/亿吨标准煤	8.6	12.0	19.0~22.6
商品化可再生能源供应总量/亿吨标准煤	6.5	9.0	14.3~17.9
能源消费总量/亿吨标准煤	48	56	60
可再生能源占比/%	17.9	21.4	31.7~37.7
商品化可再生能源占比/%	13.5	16.1	23.8~29.8

注：商品化可再生能源即可作为商品经流通环节大量消费的能源。中国关于一次能源的定义与国际能源署（International Energy Agency，IEA）有差别，IEA将农村非商品化能源统计在一次能源中，而中国没有统计

2016~2020 年：技术和产业化成熟发展阶段。风电、太阳能发电具备与常规火电的竞争力，全面实现可再生能源商业化应用，商品化可再生能源开发利用量达到 6.5 亿吨标准煤，在一次能源供应总量（预计 48 亿吨标准煤）中的比例达 13.5%。

2020~2030 年：体制机制转变阶段。到 2030 年，可再生能源在新增能源系统中占据主要地位，成为能源供应体系中的主流能源之一，每年提供 9.0 亿吨标准煤的商品化可再生能源供应量，占一次能源供应总量（预计 56 亿吨标准煤）的比重超过 16%。

2030~2050 年：规模替代阶段。可再生能源在各个领域开始大规模替代化石能源，到 2050 年，商品化可再生能源年开发利用量达到 14.3 亿~17.9 亿吨标准煤，在一次能源供应总量（预计 60 亿吨标准煤）中的比重提高到 23.8%~29.8%；在可再生能源技术出现重大突破和相关政策配套完善的情况下，2050 年商品化可再生能源有望达到一次能源供应总量的 40%，可再生能源发电量超过总发电量的 50%，分布式可再生能源能够满足 20%以上的终端能源需求，实现能源生产消费结构的根本性改变。

（五）新能源汽车

根据 GDP 增长量预测和汽车千人保有量发展规律，预计我国汽车保有量 2020 年将达到 2.7 亿辆，2030 年将达到 4.4 亿辆，2050 年将

达到 5.88 亿辆。

在我国当前火力发电比例下，纯电动车的温室气体排放较传统车低约 17.9%，但深度混合动力汽车较纯电动车温室气体排放要低 35.9%。

在火力发电比例降至 68% 的前提假设下，纯电动汽车的温室气体削减速率稍快于燃油汽车。至 2020 年，纯电动汽车较传统车温室气体减排达到 32.7%，相对于深度混合动力汽车仍然高出 23.3%。

考虑到我国以煤发电为主的电力结构现状，若以纯电动汽车全生命周期消耗的煤炭资源与同级别传统车消耗的石油资源进行比较，其"煤炭-汽油"替代率约为 0.60∶1，即纯电动汽车用电过程消耗 0.6tce（tce 为吨标准煤当量）煤炭可以替代同级别传统车所消耗的 1tce 汽油。即使与混合动力汽车相比，其"煤炭-汽油"替代率也能达到 1.09∶1，即纯电动汽车用电过程消耗 1.09tce 煤炭可以替代同级别传统车所消耗的 1tce 汽油。可见，当前阶段，我国交通能源电力化对能源结构带来的主要影响是以煤炭代替汽油，不论是从能源结构的角度还是从经济性的角度，这种替代带来的效益都是非常可观的。

基于上述分析，我国未来新能源汽车的发展总量预测，以及对新能源产业带动影响，对石油消耗、减排量及基础设施建设等的影响如表 2.3 所示。

表 2.3 电动汽车推广应用带来的能源、经济影响测算

项目	2020 年	2030 年	2050 年
汽车保有量/亿辆	2.7	4.4	5.88
电动汽车占比/%	2	14	60
电动汽车保有量/万辆	540	6 160	36 000
电动汽车工业总产值/万亿	1	10	45
年替代石油/万吨	350.4	4 292.4	26 280.0
年减排温室气体/万吨	188	2 800	25 000
新增电力消费带来的煤炭消耗/万吨	150	1 800	10 000
基础设施累计投入/亿元	1 200	12 000	70 000
重点发展技术	混合动力、纯电动小型车、纯电动客车	纯电动轿车	燃料电池汽车

根据表 2.3，到 2030 年，如果实现新能源汽车突破 6 000 万辆的

发展目标，年可实现替代石油超过 4 000 万吨，温室气体减排 2 800 万吨。到 2050 年，如果实现新能源汽车突破 35 000 万辆的发展目标，年可实现替代石油超过 26 000 万吨，温室气体减排 25 000 万吨。由此可见，新能源汽车的发展对保障国家能源安全、改善生态环境和减少温室气体排放均具有重要作用。

然而，道路交通能源转型，需要改变的绝非只有汽车本身。电动汽车是否节能减排，与能源结构、资源禀赋、用车习惯、道路交通状况均存在较大关联，在能源结构调整与优化的不同阶段，在不同地区不同资源要素禀赋下，电动汽车应当选择何种技术路线，是未来道路交通可持续发展决策的重要课题。要使道路交通能源转型真正朝向可持续发展目标迈进，需要对汽车、资源、能源、环境、交通大系统进行优化与整合。尤其是基础设施建设，只有使新能源汽车与相应的基础设施（如充电系统、智能电网、现代化交通系统等）一体化发展，才能成为真正的生产力。

二、能源生产革命的技术目标

（一）煤炭开发技术目标

煤炭安全高效开采技术与装备重点发展方向和关键技术路线图如图 2.1 所示。

1. 煤矿开采技术

2016~2020 年：掌握深部煤层赋存的高地应力、高承压水、高地温等特殊地质环境在采矿扰动下的响应特征；基本弄清深部开采地质力学环境变化规律，开发采掘机载的连续超前地质灾害及构造探测的成套技术与装备；开发出深部及复杂地质条件围岩控制技术；开发深部高应力、强烈动压、冲击地压等复杂巷道支护技术；开发煤矿井下坚硬岩石钻孔高压水射流快速切槽技术；提出 20 米以上特厚煤层和 0.6 米以下薄煤层高效开采方法；深部及高强度开采条件下煤岩动力灾害预报准确率提高 30%；煤矿地下水库保水技术体系进一步完善。

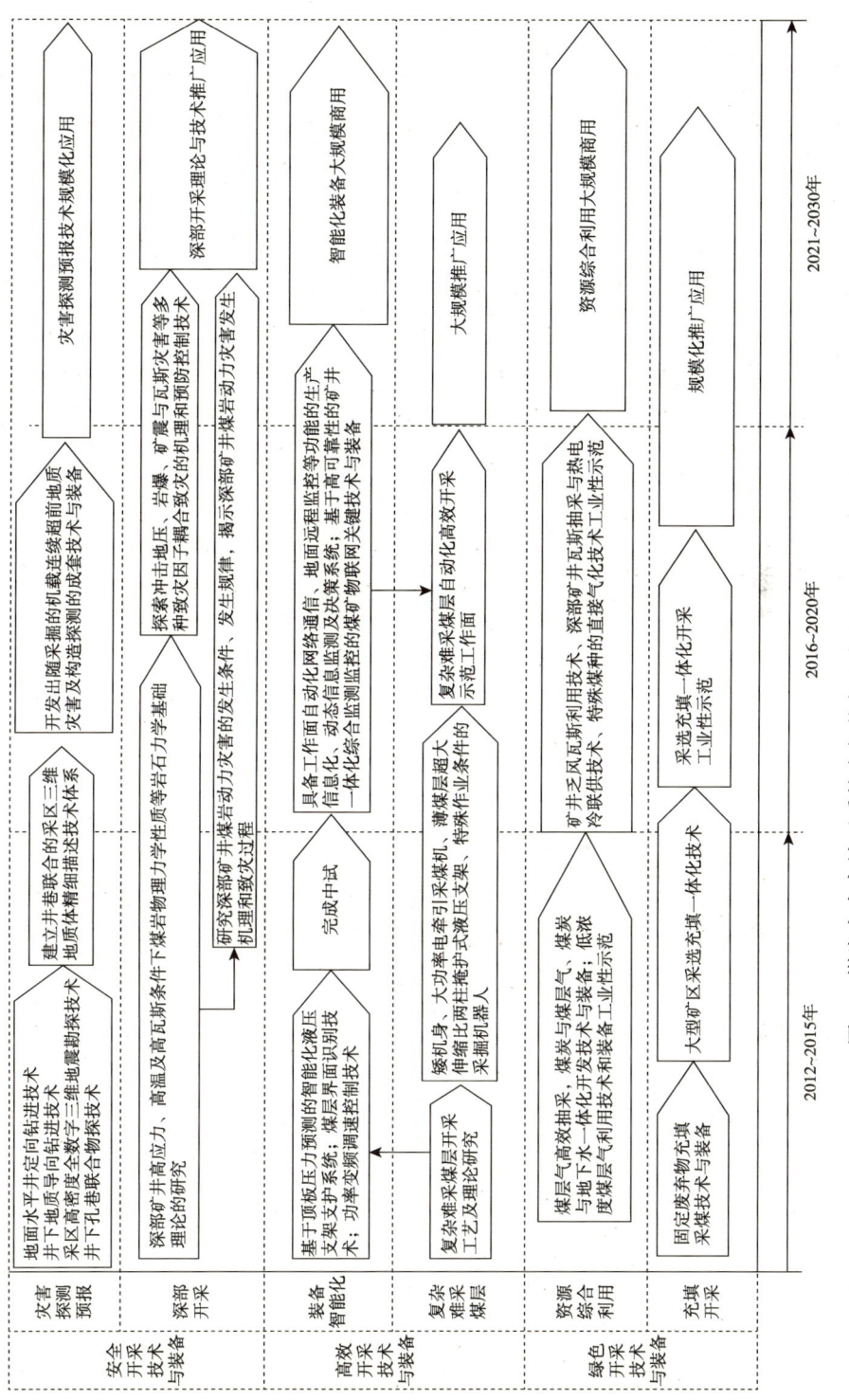

图2.1 煤炭安全高效开采技术与装备重点发展方向和关键技术路线图

2020~2030 年：形成 20 米以上特厚煤层和 0.6 米以下薄煤层完善的开采技术理论体系；研发出适合 0.6 米以下薄煤层开采的采掘机器人；形成适应于不同地质条件的煤炭开采巷道及工作面围岩控制技术体系；深部高应力、强烈动压、冲击地压等煤岩动力灾害得到有效预报与防治。

2030~2050 年：20 米以上特厚煤层、0.6 米以下薄煤层开采技术和煤岩动力灾害控制技术发展成熟并得到广泛应用，煤炭开采技术达到国际领先水平。

2. 煤机装备

2016~2020 年，全部矿井实现机械化开采；2020~2030 年，实现全部自动化开采；2030~2050 年，真正实现煤炭开采的无人化。

3. 绿色开采技术与生态环境保护

2016~2020 年：全国绿色矿山格局基本形成，大中型矿山基本达到绿色矿山标准，小型矿山企业按照绿色矿山条件严格规范管理。

2020~2030 年：90%的煤矿达到绿色矿山标准。

2030~2050 年：全部达到绿色矿山标准。

4. 资源综合利用技术

2016~2020 年：煤层气实现规模化生产利用，抽采利用率达到 60%以上，矿井水利用率提高到 85%以上。

2020~2030 年：煤层气实现大规模商业化利用，抽采利用率达到 85%以上，矿井水利用率提高到 95%以上。

2030~2050 年：煤层气和矿井水利用率均达 100%。

（二）油气开发技术目标

1. 石油开发

石油开发技术路线图如图 2.2 所示。

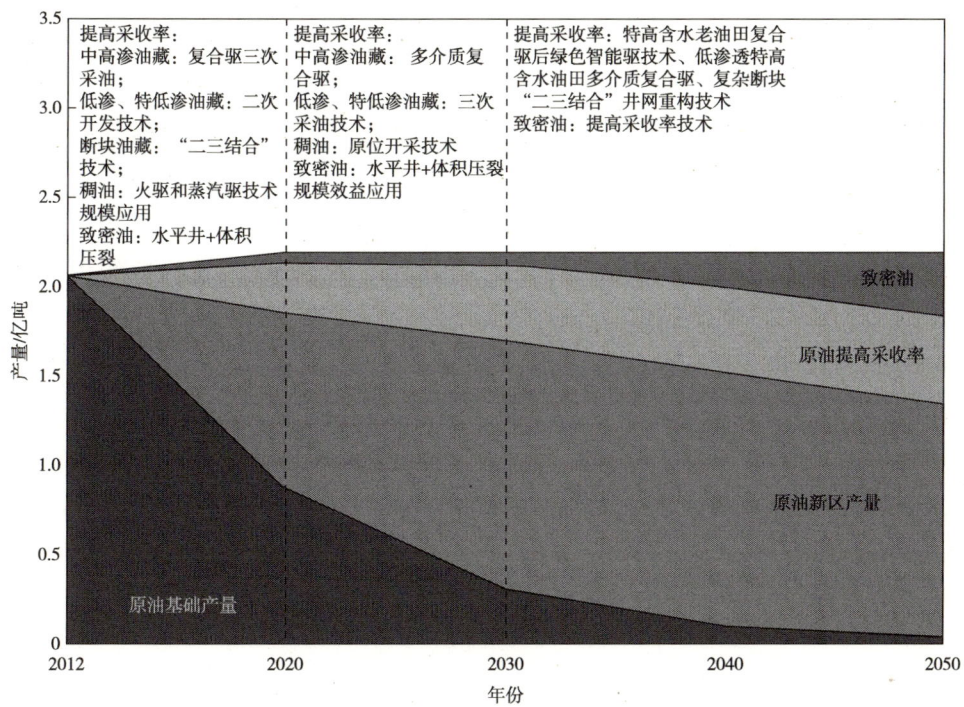

图 2.2 我国石油开发技术路线图

2016~2020 年：中高渗油藏三次采油实现由聚合物驱向复合驱转变；低渗、特低渗油藏二次开发技术基本成熟；断块油藏"二三结合"技术规模应用；稠油蒸汽驱、蒸汽辅助重力泄油（steam assisted gravity drainage，SAGD）等技术规模应用，火驱、原位开采技术取得突破；致密油水平井+体积压裂技术成熟，逐步推广应用。CO_2 驱油技术在详细资源评估的基础上，结合 CO_2 集中排放源的分布，优化源-汇匹配研究，完成源-汇匹配规划方案设计，跨行业、跨部门合作开展 CO_2 捕集-驱油-埋存一体化技术研发，做到方案设计、技术实施、经济评估一体化统筹规划，加大 CO_2 驱油应用力度，投入 6 000~12 000 吨储量进行 CO_2 驱油。

2020~2030 年：常规油藏开发技术成熟且得到规模化应用。中高渗油藏多介质复合驱技术规模应用；低渗油藏二次开发技术成熟，三次采油获得突破，采收率大幅提高；断块油藏"二三结合"技术全面推广；稠油原位开采技术实现工业化应用；致密油勘探开发技术成熟，实现规模效益开发。CO_2 捕集-驱油-埋存一体化商业项目推广，累计投入储量 1.5 亿~2.5 亿吨。

2030~2050 年：特高含水老油田复合驱后绿色智能驱技术、低渗透特高含水油田多介质复合驱、复杂断块"二三结合"井网重构、稠油智能催化改质、致密油提高采收率等技术全面推广应用；油页岩原位催化改质技术实现突破，初步实现规模开发利用。CO_2 驱油进入商业化、规范化的推广应用，大力实施 CO_2 捕集-驱油-埋存一体化项目，累计投入储量 5 亿~10 亿吨。

2. 天然气开发

天然气开发技术路线图如图 2.3 所示。

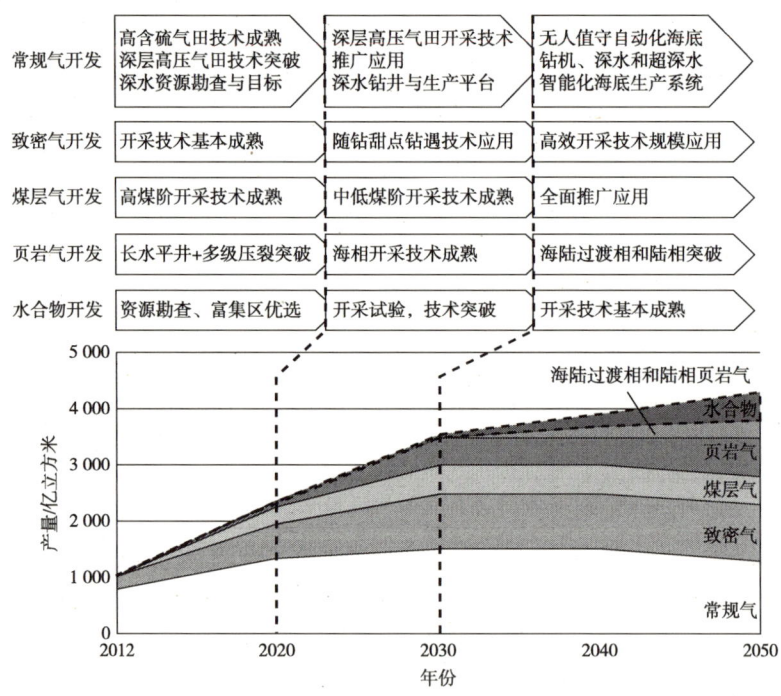

图 2.3 我国天然气开发技术路线图

2016~2020 年：基本形成高含硫气藏开采的国产化技术装备系列，深层高压气田开采、低渗区火山岩气藏开采技术实现突破；致密气薄砂层识别、小井眼钻井、直井多层压裂、水平井分段压裂技术推广应用，实现规模效益开发；煤层气地震 AVO（amplitude versus offset，即振幅随偏移距变化）高产富集区预测、超短半径水力喷射钻井、U 形水平井钻完井等技术推广应用，开始大范围商业性开发；页岩气 3 500 米以深长水平段钻井、多级分段压裂等关键技术逐渐成熟，初步实现工业生产。

2020~2030 年：深层高压气田开采技术推广应用；致密气随钻甜点区识别与钻遇技术、长水平井分段压裂技术工业化应用；煤层气低煤阶裸眼洞穴完井、连续油管压裂、大液量体积压裂、顶底板间接压裂等技术获得突破并推广应用；页岩气提高钻完井效率、深层水平井钻完井和高效改造技术工业化应用；海域深水钻探、双梯度钻井系统、深水生产平台等技术工业化应用；天然气水合物资源勘查与开采技术获得突破。

2030~2050 年：海上无人值守自动化海底钻机、深水和超深水智能化海底生产系统获得突破并应用，致密气、煤层气、页岩气勘探开发技术与装备配套完善，天然气水合物开采技术基本成熟。致密气、煤层气、海相页岩气实现大规模工业化生产，海陆过渡相和陆相页岩气、天然气水合物实现规模开发利用。

（三）核能开发技术目标

核电产业和技术发展路线图如图 2.4 所示。

2016~2020 年：在安全高效的方针下，实现成熟先进的热中子堆（压水堆）核电站规模化、批量化发展，满足近期和中长期能源发展的需要；"十三五"开展快中子堆核电站和压水堆乏燃料后处理厂示范工程建设；利用小堆开展核能供热、制冷、海水淡化和高温利用等领域应用，示范浮动核电站，支撑国家海洋开发战略。

2020~2030 年：2025 年前后实现核燃料从开式循环向闭式循环转变，减缓天然铀资源的消耗，实现裂变核能的可持续发展；2030 年前后建成大型商用快中子堆，快堆燃料制备和快堆乏燃料后处理研发与快堆同步进行。

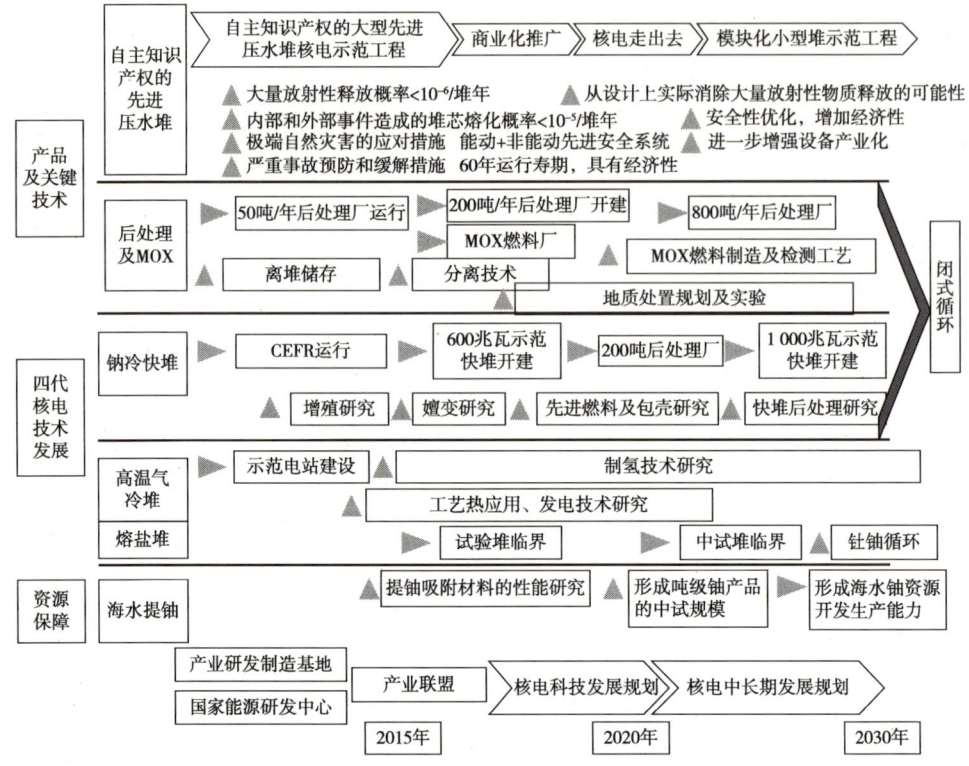

图 2.4 核电产业和技术发展路线图

MOX（mixed oxide，即铀环混合氧化物）；CEFR（China experimental fast reaction，即中国实验快堆）

2030~2050 年：2035 年前后开始实施快堆燃料循环的闭合，2040 年前后具备实现快中子增殖堆核能系统产业化发展条件；实现海水提铀产业化，以支撑核能行业的长远发展；发展核聚变堆核电站技术，相关技术发展应与国际同步，力争 21 世纪下半叶实现可控核聚变发电。

（四）可再生能源生产技术目标

1. 风能

风能开发技术路线图如图 2.5 所示。

2016~2020 年：风电开发以陆地为主，兼顾近海区域。建立大型风电场、山地和近海风电场风能资源评估及数字天气预报、风功率精确预报的计算标准与方法，达到国际先进水平；掌握 5 兆瓦及以下

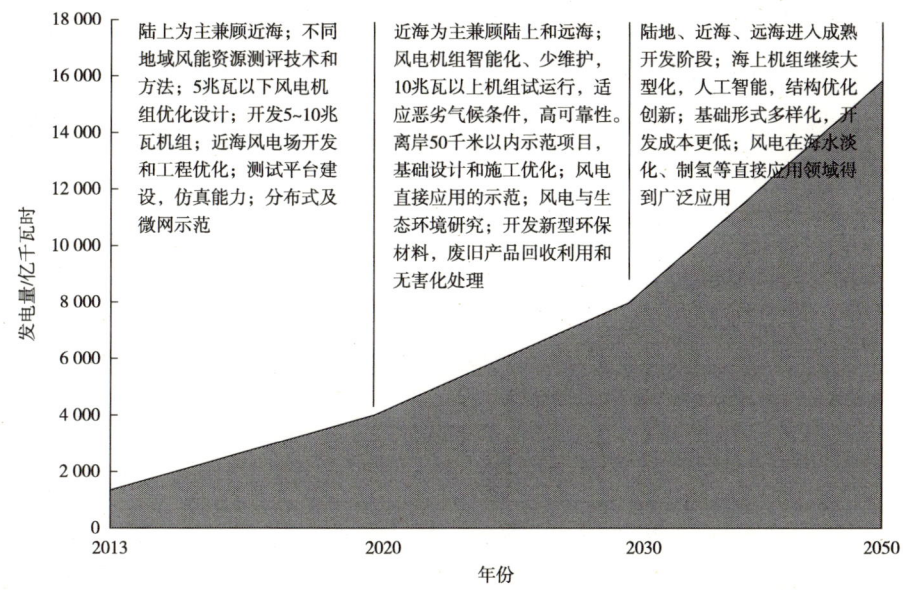

图 2.5 风能开发技术路线图

风电机组核心技术研发设计能力,实现批量生产和高可靠性运行;针对近海风电场开发出 5~10 兆瓦风电机组,完成近海(离岸 20 千米以内)风电场小规模装机试运行;建立大型风电机组及零部件测试平台,开发数值仿真技术,提高基础研发测试能力;提高近海风电场建设施工能力,大幅降低海上风电投资成本;推进分布式及微电网应用,扩大风能利用途径。

2020~2030 年:风电开发重点转向近海,兼顾陆上和远海风电场。3~6 兆瓦风电机组成为近海风电场主流机型,风电机组更加智能化和少维护,10 兆瓦以上风电机组开始装机试运行;陆上风电场开发涵盖大型风电基地及高原和山地,风电机组可适应恶劣气候条件下高可靠性运行;开发建设离岸 50 千米以内海上风电场示范项目,探索更加经济合理的海上风电机组基础形式和施工方式;分布式风电电源系统得到推广应用;开展对生态环境和气候变化的影响研究,开发和使用新型环保材料,建立风电机组退役机制和废旧产品的无害化处理方案。

2030~2050 年:风电开发利用进入成熟期。风电与电力系统实现很好的融合并逐步占据"半壁江山";原有风电场进行风电机组更新换代,解决废旧产品的回收利用或无害化处理;海上风电机组向 10 兆瓦以上发展,具有人工智能和高可靠性,基础形式更加多样化,工程建设更加专业化,开发成本更低。

2. 太阳能

1) 太阳能光热发电

太阳能热发电技术发展路线图如图 2.6 所示。

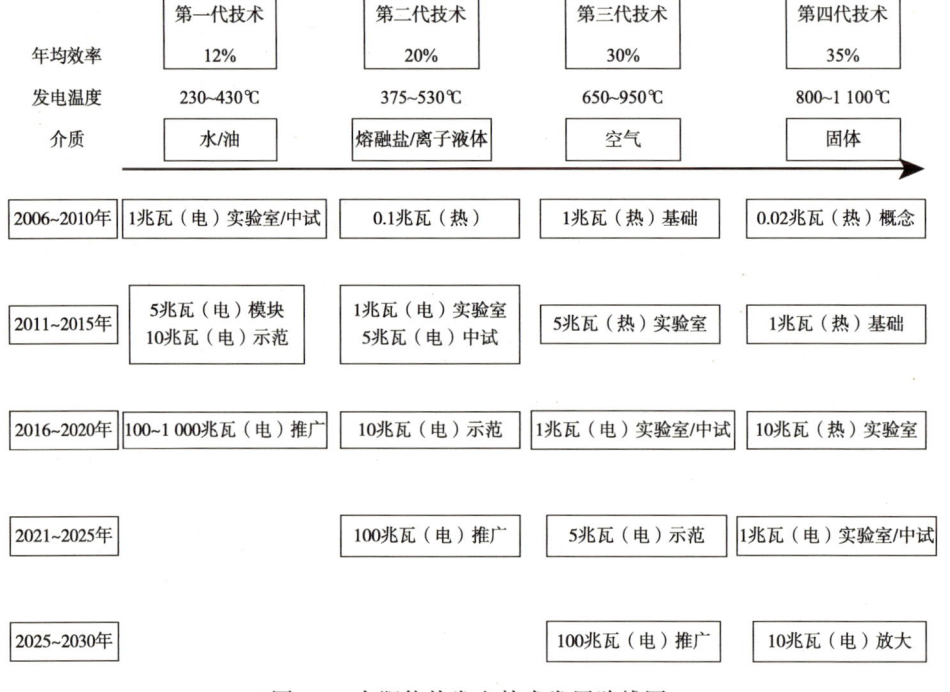

图 2.6　太阳能热发电技术发展路线图

2015~2020 年:水和油作为集热系统换热介质进入产业化推广阶段。以熔融盐为传热介质的集热系统进入规模化示范阶段,而以空气为换热介质的集热系统从基础研究进入应用基础研究阶段,并逐步进行中试。第一代继续大规模商业化,第二代技术开始进入市场,发电效率提高到 20%。由于熔融盐的使用,传热介质温度大大提高,超临界太阳能热发电技术进入中试,实现太阳能热发电与燃煤发电耦合协调发展。

2020~2025 年：第三代空气为传热介质和发电工质的技术进入市场，系统年发电效率达到30%，并无须耗水。但由于高温空气传输，该类电站的容量受到制约。此时第四代以固体颗粒作为传热介质的吸热过程也进入高技术示范阶段。

2025~2030 年：第四代太阳能热发电技术进入市场，系统年发电效率达到35%，并且突破了第三代技术的系统容量问题。同时高温储热技术取得突破。

2) 太阳能光伏发电

太阳能光伏发电技术路线图如图2.7所示。

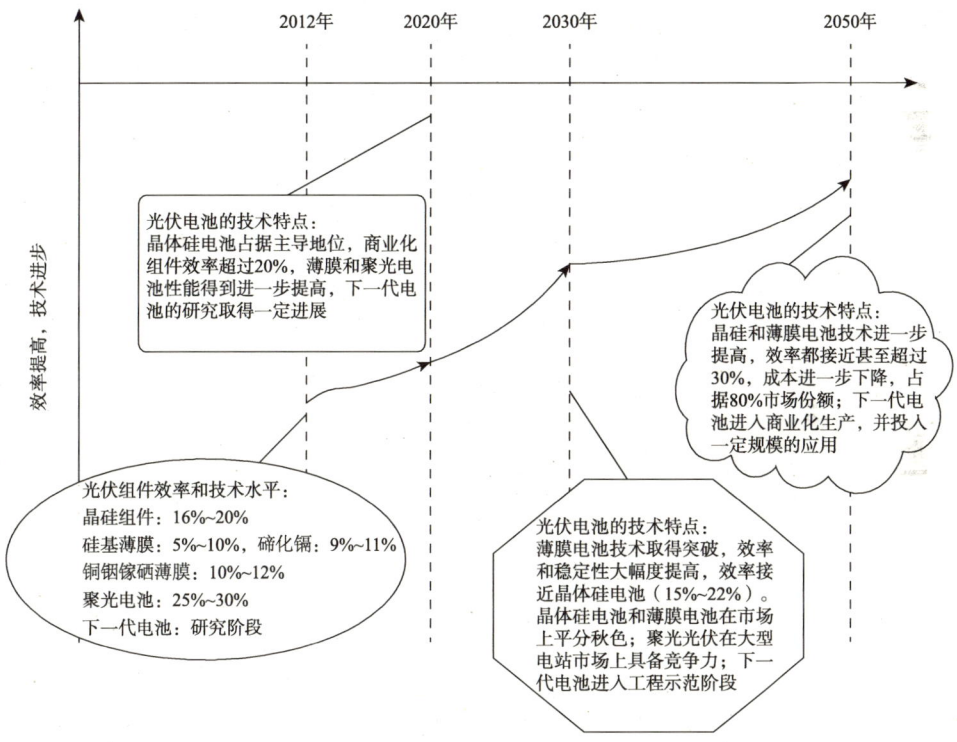

图 2.7 太阳能光伏发电技术路线图

2016~2020 年：晶体硅电池占据主导地位，商业化组件效率超过20%，薄膜和聚光电池性能得到进一步提高，下一代电池的研究取得一定进展。

2020~2030年：薄膜电池技术取得突破，效率和稳定性大幅度提高，效率接近晶体硅电池（15%~22%）。晶体硅电池和薄膜电池在市场上平分秋色，聚光光伏在大型电站市场上具备竞争力，下一代电池进入工程示范阶段。

2030~2050年：晶体硅和薄膜电池技术进一步提高，效率都接近甚至超过30%，成本进一步下降，占据80%市场份额。下一代电池进入商业化生产，并开展一定规模的应用。逐步实现光伏和光热一体化的材料研发，探讨空间太阳能利用技术，以及多能源的互补技术。

3. 生物质能

重点发展生物燃气、生物液体燃料、固体成型燃料、生物质发电等关键技术和装备能力，逐步形成以自有知识产权为主的国内生物质能源生产工艺；根据原料、地域和需求特征等建立现代农林生物质高效转化的技术体系与示范企业。实现分布式生物质能的分布式高效利用。

2016~2020年：建立年产800万~1000万吨/年燃料乙醇产业，440亿~530亿立方米生物燃气产业，植物纤维基生物炼制产品的新兴产业，新增工业产值1000亿元，减少1500万吨石油需求，并安排15万农村人口就业，农民通过提供秸秆类原料增收150亿元；减少4000万吨CO_2净排放；年产30万~40万吨生物丁醇，新增工业产值50亿元，并安排5000人就业，农民通过提供秸秆类原料增收5亿元。生物柴油产业规模达到200万~240万吨/年，种植小油桐132万~160万公顷。生物航空燃料能够替代5%~6%的中国航空煤油需求。

2020~2030年，燃料乙醇年产量达到1250万~1500万吨。生物燃气年产量达到800亿~960亿立方米。在粮食主产区或边际土地资源丰富的省份每200~300千米修建生物燃料生产装置。生物柴油产业生产规模达到500万~600万吨/年，小油桐种植规模达到330万~400万公顷。生物航空燃料可望替代10%~12%的中国航空煤油需求。

2030~2050年，实现生物质原料（淀粉、糖类、纤维素、木素等）全面利用、产品（燃料、大宗化学品和精细化学品、药品、饲料、塑料等）多元化，形成生物质炼制巨型行业，部分替代不可再生的一次性矿产资源，适时开拓国际市场，在植物资源丰富的国家和地区建立生产基地。生物乙醇年产量达到3 000万吨，生物柴油生产规模达到800万吨，生物航空燃料实际利用量达到1.5亿吨，航油产量能够替代30%化石航空燃料，初步实现生物燃料对传统交通燃料的替代目标，形成完整产业链。

生物质燃料整体发展目标和产业开发利用路线见表2.4和图2.8。

表2.4 生物质燃料整体发展目标

生物燃料产业	规模		消耗资源量[1]	
	中期（2020年）	远期（2030年）	原料	中期（2020年）	远期（2030年）
燃料乙醇/万吨	800~1 000	1 250~1 500	农作物秸秆	0.56亿~0.7亿吨	0.88亿~1.05亿吨
生物丁醇/万吨	30~40	—	农作物秸秆	180万~240万吨	
生物燃气/亿立方米	440~530	800~960	禽畜粪便	1.47亿~1.77亿吨	2.67亿~3.20亿吨
生物柴油/万吨	200~240	500~600	种植小油桐	132万~160万公顷	330万~400万公顷
生物航空煤油/万吨	航空煤油量 5%~6%	航空煤油量 10%~12%	种植小油桐、农作物秸秆	480万~575万公顷 0.2亿~0.24亿吨	

1) 单位产量消耗资源按：7.0吨农作物秸秆每吨燃料乙醇，6.0吨农作物秸秆每吨生物丁醇，0.66公顷小油桐每吨生物柴油，2.4公顷小油桐每吨生物航空煤油，10吨农作物秸秆每吨生物航空煤油

4. 海洋能

2016~2020年：大力开发沿海及海岛海洋能资源，推进潮汐能电站规模化建设，发展波浪能与潮流能示范装置，实现2020年海洋能发电总装机容量达到100兆瓦。在广东、海南、浙江等省建成3~4个波浪能或潮流能、太阳能、风能形成的多能互补海岛供电示范工程，其中，可再生能源发电量达到居民用电量的30%。

2020~2030年：掌握大型潮汐能电站的建设和运行，推动波浪能和潮流能装置的商业化应用，突破温差能关键技术，完成系统开发和部件测试。

2030~2050年：在适合区域积极推进海洋能的大规模开发，实现波浪能、温差能和潮流能电站的商业化运行，建设海上补给站网络，形成海域海岛能源供给站。

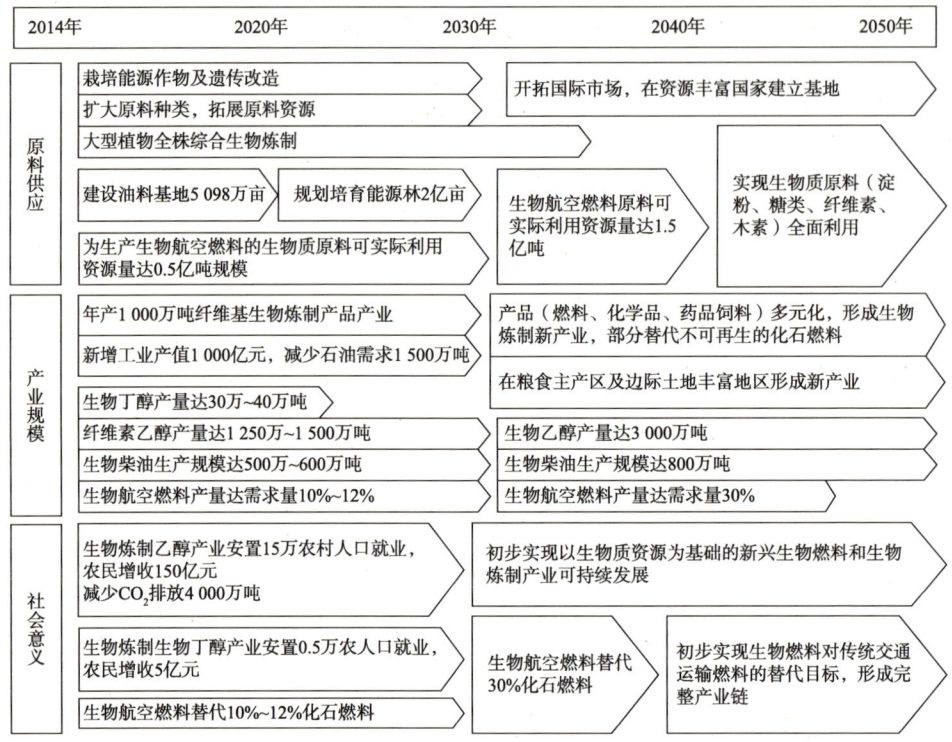

图 2.8 生物质能产业开发利用路线图
1 亩 ≈ 666.67 平方米

5. 地热能

地热能的开发利用包括高温地热资源的发电利用和中低温地热资源的热利用两个方面。

高温地热发电利用可分为常规高温地热资源的发电利用和非常规干热岩地热资源开发。其中，常规高温地热资源的发电利用基于目前 2.7 万千瓦的水平，至 2020 年可望达到 15 万千瓦，至 2030 年可望达到 30 万千瓦，至 2050 年可望达到 100 万千瓦；非常规干热岩地热资源发电可望在 2020 年技术突破，实现兆瓦级发电，2030 年技术发展，达到 50 万千瓦，2050 年技术成熟，实现 1 500 万千瓦。

中低温地热资源的热利用包括常规中低温地热资源的热利用和非常规的浅层地热能依靠地源热泵的开发利用。其中，常规中低温地热资源的热利用以地下热水的建筑物供暖利用为主，还可用于温室种植和养殖、洗浴医疗、工农业热利用等方面。全国主要平原沉积盆地地热资源储量为 2.5×10^{22} 焦耳，折合标准煤 8 531.9 亿吨，是推广应用的巨大基础后盾。浅层地热能可依靠地源热泵技术用于供暖和制冷，其技术目标可望在 2020 年达到 8 亿平方米，2030 年达到 16 亿平方米，2050 年达到 32 亿平方米。

据此，我国地源热泵和常规地热热利用的能量，至 2020 年相当于节省标准煤 2 000 万吨，至 2030 年相当于节省标准煤 4 000 万吨，至 2050 年相当于超过年 1 亿吨标准煤的可再生能源替代。

综合上述，我国地热能科学开发利用路线图如图 2.9 所示。

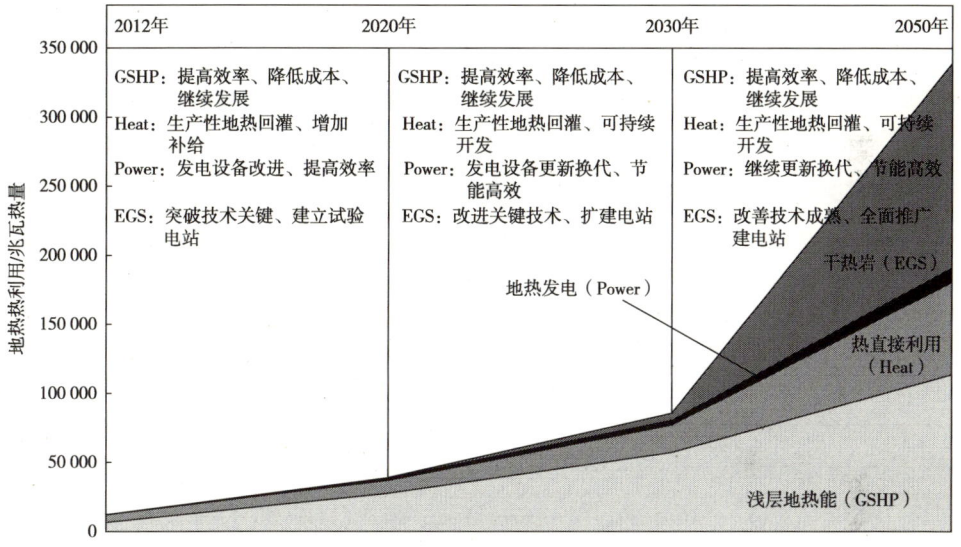

图 2.9 地热能科学开发利用路线图

6. 大规模可再生能源发电并网技术

2016~2020 年：提升可再生能源发电机组、新能源发电场站和集群的网源协调技术性能，实现多类型可再生能源发电、抽水蓄能及常规电源的联合发电运行，建立分布式可再生能源发电、微电网及储能示范工程；研发全天候适应的可再生能源发电功率预测技术，研发常规电源与大规模可再生能源协调优化运行控制系统。掌握压缩空气储能、飞轮储能、超导磁储能、超级电容器储能、锂离子电池、先进铅酸电池、液流电池等系列储能技术，争取试点或示范工程建设；实现电动汽车智能充放电的示范工程。

2020~2030 年：突破大规模可再生能源电力接入电力系统的规划与运行控制技术，确保大规模可再生能源电力的跨省、跨区消纳利用；分布式可再生能源发电系统、储能系统的商业化集成示范应用，突破海上风力发电关键技术与规模化发展。降低造价，突破大规模压缩空气储能、飞轮储能、超导磁储能、超级电容器储能、锂离子电池、先进铅酸电池、液流电池的示范集成应用；实现大规模抽水蓄能技术、钠硫电池等在大规模新能源并网接入中的推广应用。

2030~2050 年：全面突破大规模可再生能源发电作为电力系统主力电源的规划和运行技术，实现大型可再生能源发电厂（站）具备常规发电厂运行性能的控制技术，实现大规模可再生能源电力具有与常规电源接近的可调度性，实现配网侧可再生能源发电的"即插即用"式并网接入。全面普及机械能储能、电磁（场）储能、电化学储能在新能源发电中的推广应用，彻底解决可再生能源电力"用多少发多少"的历史问题。

（五）CCS/CCUS

2016~2020 年：突破一批 CCS/CCUS 关键基础理论和技术，能耗和成本显著降低，建成一批百万吨级 CCS/CCUS 全流程示范项目，CO_2-EOR（CO_2 enhanced oil recovery，即 CO_2 驱油）等部分技术开始推广应用，总体技术水平达到世界一流；通过 CCS/CCUS 技术，减少 CO_2 排放量 1.1 亿吨以上，减排贡献度约 2.9%。

2020~2030 年：不断创新发展利用技术，开拓更多的利用领域。通过工业示范和推广应用，大部分 CCS/CCUS 技术基本成熟，能耗和成本大幅降低，总体技术水平达到世界先进；通过 CCS/CCUS 技术，减少 CO_2 排放量 2.4 亿吨以上，减排贡献度约 2.9%。

2030~2050 年：CCS/CCUS 技术成熟，全面推广应用，总体技术水平达到世界先进；通过 CCS/CCUS 技术，减少 CO_2 排放量 10.5 亿吨以上，减排贡献度约 5.9%。

（六）新能源汽车

我国未来新能源汽车发展可分为 3 个阶段，如表 2.5 所示。

表 2.5　新能源汽车发展战略路线和替代目标

时间阶段	当前至 2020 年	2020~2030 年	2030~2050 年
发展驱动力	减排为驱动力，以降低 $PM_{2.5}$ 为主	节能为主驱动力，$PM_{2.5}$ 缓解，CO_2 上升	减少 CO_2 为重点
发展战略	公交车、出租车、物流运输车的推广，小型电动车推广运用	电动汽车大规模运用，氢燃料和燃料电池量上升	氢燃料和燃料电池大规模推广，生物质燃料上升

2016~2020 年：以降低排放为发展主驱动力，特别是 $PM_{2.5}$ 排放量，推广以公交车、出租车、物流车等区域性运行车辆为主，适当发展小型电动汽车。

2020~2030 年：$PM_{2.5}$ 已得到显著缓解，但是 CO_2 开始呈上升趋势，同时石油的使用量达到顶峰。因此，该阶段以节能为主驱动力，电动汽车开始大规模运用，燃料电池和氢燃料使用量上升。

2030~2050 年：以减少 CO_2 排放为主，氢燃料和燃料电池大规模推广，同时生物质燃料使用呈上升趋势。

针对不同时期车用能源结构的变化，应对新能源汽车充电桩、充电站和配套电力系统等基础设施建设进行超前布局，辅以科学的商业运营模式、统一规划，并采取市场化和政府投资相结合的方式，确保基础设施建设规模适度超前，针对车用能源结构的不断调整、交通运输方式的不断优化能做到灵活应变，满足不同时期新能源汽车发展需要，实现电动车对传统汽车的规模替代。

第三节　能源生产革命的战略思路与战略重点

一、能源生产革命的战略思路

我国能源生产革命的战略思路可概括为"安全、洁净、高效、低碳、经济"，即以保障能源可靠供应为出发点，以保护生态环境为立足点，通过科技创新，提升能源高效和智能化应用水平，努力构筑具有中国特色的安全、洁净、高效、低碳、经济的现代能源体系,以清洁能源的科学发展支撑经济社会的协调可持续健康发展[22~25]。

能源生产革命战略分"两步走":

第一步:在2030年前,在煤炭主导地位的现实基础上,大力推进绿色煤炭技术变革和油气倍增计划,提高利用效率和低碳、清洁度,积极发展新能源和可再生能源并培育相关市场,逐步降低煤炭在能源结构中的占比,提高煤炭转化电力的比例,改善终端能源结构;实施全社会绿色能源行动纲要,有效提升全社会能源清洁化程度和能源利用效率,达到或接近国际先进水平,提高我国能源安全保障程度。2020年初步构建,2030年基本形成安全、绿色、智能的能源系统。

第二步:在第一步发展的基础上,依靠技术创新与突破,大规模开发利用新能源和可再生能源,大幅度提高其在能源结构中的比例。同时,持续改进优化对传统化石能源的利用方式和利用技术,积极发展化石能源与非化石能源耦合协调发展的智能能源系统,形成煤、油、气、核、可再生五足鼎立的多元化能源供应体系,全面实现清洁能源的总体发展战略。

二、能源生产革命的战略重点

(一)围绕煤炭安全、绿色、高效、智能开发,优化开发布局,大力提高煤炭科学产能水平,建立现代煤炭工业体系

我国煤炭开发的总体部署是关闭淘汰一批地质条件极差、煤质品位低、技术落后且极易发生地质灾害和安全事故的矿井;对具备一定基础的中小型矿井进行技术改造,使其符合安全绿色矿井标准,形成科学产能;对于新建矿井,一律采用高标准建设,形成煤炭科学产能。煤炭开发总体布局是控制东部、稳定中部、发展西部,实现煤炭开发战略西移:东部地区新井建设控制在1 000米以浅,生产规模下降;中部地区建设接续型新井,淘汰落后小煤矿,稳定生产规模;西部地区建设与水资源、生态环境容量相适应的煤炭、煤电和煤炭深加工

基地。

我国东部、中部和西部煤炭开采条件不同，各地区应根据煤炭赋存条件、市场、交通、开发历史等因素有序推动科学开采。

1. 东部地区

东部地区煤炭资源量、产量占全国的比例不断下降，厚煤层已基本被开发利用，不具备新建大型矿井的条件，只能对现有矿井进行改造，且该地区为我国粮食生产基地和工业基地，地面城镇建筑多，交通设施发达，地面环境的约束对产能有一定影响。应积极推广采煤沉陷区的复垦技术，对沉陷土地进行恢复和利用。进一步提高建筑物下、铁路下、水体下的资源回收率。

2. 中部地区

中部地区包括安徽、山西、江西、河南、湖南、湖北6个省份，是我国煤炭资源的主要富集区、生产区和调出区，多数煤层赋存稳定，结构简单，倾角缓，适合建设安全、高效、大型现代化矿井，应加强资源配置和整合力度，大力发展大型煤炭基地和企业集团。

3. 西部地区

西部地区是我国未来煤炭产能增长的重点区域，必须进行合理布局、科学开发。一是以市场需求为导向，以通道建设为关键，控制开发强度；二是优先发展千万吨级的大型现代化露天煤矿，鼓励发展大型安全高效矿井，"十二五"期间新开工煤矿建设规模原则上不得低于120万吨/年；三是科学布局，有序开发，严格按照先规划、后开发的原则，合理安排、调整和优化矿业权设置，避免大矿小开、无序开发。该区域煤炭开采要着重解决煤层火灾和地下煤矿火灾，超厚煤层高效、高回收率开发难，水资源缺乏，生态环境脆弱等问题，积极发展煤矿（田）火区煤地下气化应用、水资源保护、土地复垦等绿色开采技术与装备。

（二）常规和非常规油气资源开发并重，强化技术攻关与应用，实现石油稳产、天然气产量倍增发展

未来我国油气生产应坚持"油气并重、陆海并重、浅深并重、常规与非常规并重"的原则，加强新区勘探开发，提高老区采收率，加强新类型超前探索，依托油气生产技术与生产方式革命，努力实现石油稳产并有增长，天然气产量倍增发展。

1. 加强陆上新区勘探

以松辽、渤海湾、鄂尔多斯、四川、塔里木、准噶尔、柴达木等陆上七大盆地为重点，立足富油气凹陷，强化精细勘探，不断扩大储量规模；立足"新区、新层系、新类型"三新领域，突破"认识、技术、资料"三大盲区，进一步加大风险勘探力度，努力寻求大突破。对外围中小盆地，进一步加强石油地质条件综合研究，加大评价优选，择优加强目标准备与钻探，力争实现战略突破，准备接替区域。努力实现油气探明储量长期稳步增长。

2. 大幅度提高油田采收率

对已开发老油田积极进行深度开发调整，大力发展改善水驱采油技术，努力推进三次采油提高采收率技术，扩大低渗透油田的开发规模，加快未动用储量开发利用。三次采油提高采收率技术：2020年前以聚驱、深部调驱和加密调整等为主体技术；2020年以后，复合驱将逐步取代聚合物驱占据主体地位，技术上与深部调剖、多功能井等多种开发方式相结合，由中高渗透油藏向中低渗透油藏、由整装大型砂岩油藏向复杂断块油藏拓展，力争已开发老油田整体提高采收率10个百分点以上，增加可采储量25亿吨以上。这相当于多发现一个地质储量超过100亿吨的特大型油田。

3. 加快非常规天然气发展

我国非常规天然气开发利用应坚持有序发展的原则、采取"三步

走"的路线，积极组织、加快发展，可以逐渐成为支撑我国天然气产量长期较快发展的主体资源。"三步走"的路线是：2020年以前，以致密气为重点，按照"加大致密气、加强煤层气、加快页岩气、探索水合物"的思路，力争到2020年非常规天然气产量突破950亿立方米；2021~2030年，致密气进入稳步发展阶段，煤层气、海相页岩气勘探开发技术逐渐成熟，进入规模发展阶段；海域天然气水合物资源勘查与开采试验取得重大突破，初步突破商业性开采关，力争到2030年非常规天然气产量突破2 000亿立方米；2030年以后，海陆过渡相和陆相页岩气、天然气水合物有望逐渐实现规模开发利用，非常规天然气产量进一步增长。

4. 加速推进海域深水油气勘探开发

突破南海深水区，是实现我国油气工业跨越式发展的不二选择。我国应重新审视"主权属我、搁置争议、共同开发"的油气勘探开发战略，超前谋划，统筹南海维权与油气开发，分三个层次加速推进南海深水油气勘探开发，尽快取得实质性进展：一是对无争议海域，在加强勘探开发技术装备研发基础上，加强海洋深水油气地质综合研究，强化有利勘探目标的落实与评价优选，加快钻探目标的准备工作，尽快上钻，力争早日突破；二是对虽有争议，但有望通过政治、外交、军事等手段获得强力支持的海域，采用与国际大石油公司联合勘探开发的模式，借用国内与国际力量获得油气资源；三是对争议较大海域，采用"搁置争议、共同开发"的方式，通过双方的联合开发共同获得资源。

（三）燃煤污染物（包括$PM_{2.5}$在内）综合脱除与资源化利用，排放值达到燃气机组排放标准

1. 加快工业锅炉节能减排

工业锅炉是我国第二大燃煤"用户"，年耗煤达8亿吨左右。我国工业锅炉燃煤多为没有经过洗选的原煤，且没有脱硫控制设备，燃烧效率低（约60%），污染物排放高，是空气污染的主要"贡献者"

之一，必须加快工业锅炉的节能减排改造。一是因地制宜地对现有燃煤锅炉进行技术改造：①采用煤粉燃烧技术，大幅度提高工业锅炉效率；②淘汰效率低、环境污染严重的旧式燃煤小锅炉，采用大容量工业锅炉，对污染物进行集中处理；③在天然气等资源丰富地区进行煤改气，在煤气资源贫乏地区，采用太阳能集热器替代小型燃煤锅炉等措施。二是工业锅炉强制使用低硫洗选煤，系统地提高煤炭利用效率和降低常规污染物以及 CO_2 排放。三是利用燃煤电厂等集中源进行污染物深度脱除，达到天然气机组排放水平，同时利用燃煤电厂将部分煤转化为燃气，供应工业锅炉，实现煤炭集中气化、集中供应的地区性清洁能源生产、供应链，逐步实现煤炭集中源的分级分质转化，分散源"改烧煤为烧气"。

2. 大力发展污染物协同脱除和资源化回收技术

研究适合中国国情的污染物高效脱除与协同控制技术，发展烟气污染物资源化回收技术，实现燃煤电厂超低排放达到燃气标准和烟气污染物内 S、N 等的资源化回收。

（1）重点开发吸收塔强化传质技术，研制适合中国煤质特性及石灰石品质的活性添加组分配方，并通过强化传质吸收塔及多效添加活性组分的协同效应，实现硝汞的协同控制，SO_2 排放浓度低于 35 毫克/标方，开发节水型、资源利用型等新型脱硫技术。

（2）开发炉内和炉后 NO_X 多级系统控制技术，满足天然气燃气轮机组 NO_X 的排放限值（50 毫克/标方）。

（3）研发电凝并/多场耦合凝并技术及湿法烟气脱硫塔后新型湿式静电除尘技术（wet electriostatic precipitator，WESP），实现烟尘排放浓度小于 5 毫克/标方。

（4）促进燃煤烟气污染物的资源化回收技术的发展，制取更高附加值化工产品。

（5）通过系统的集成及优化开发，形成燃煤电厂烟气污染物高效清洁环保控制，达到燃气轮机排放标准，即满足 PM<5 毫克/标方，SO_2<35 毫克/标方，NO_X<50 毫克/标方的排放标准要求。

（四）充分利用能源、资源双功能，实施煤炭高效率、高效益发电和分级、综合利用

以电力生产为核心，煤炭气化为龙头，分级提取利用煤中相应组分及污染物废弃物，生产高附加值产品，大幅降低污染物排放，显著提升煤炭单位产值综合经济社会效益。主要挑战包括：①含焦油高温煤气的除尘、余热回收及焦油捕集；②热解气化炉和半焦燃烧过程的有机集成及其联合运行特性；③焦油的品质提升和深加工技术；④进一步研究煤的热解气化过程有机废水的处理工艺；⑤现有行业及产业政策限制了煤热解气化分级转化技术的产业化应用。我国长期的行业分割，导致管理、技术人员对热解气化分级转化技术的认识不够全面，限制了该技术的推广和完善，因此应完善相应管理政策，促进技术进步。

（五）以占一次能源30%~40%及以上贡献率为目标，大比例开发利用可再生能源

可再生能源的开发利用应根据各自的资源条件和发展潜力，兼顾生态环境影响，在综合进行技术、经济和环境论证的基础上，明确发展战略重点，加快推进和发展。

1. 积极发展水电

高度重视和解决水电开发过程中生态环境保护和移民问题，加大西部地区重点流域的水电开发力度，有序推进金沙江、雅砻江、大渡河、澜沧江、怒江等重点流域水电基地建设，加快雅鲁藏布江干流水电开发规划等前期工作；挖掘东部和中部地区水电开发潜力，深度开发当地剩余水力资源，实施扩机增容和改造升级；加强中小流域综合治理，科学规划、积极建设抽水蓄能电站；加大国际协商和协调力度，维护我国应有权益，兼顾双方利益，制订合理的开发方案，推动国际流域水电开发；建立水火电同网同价等清洁能源补偿机制，努力提高水电开发的经济性；开展以电代柴、以电驱湿和

以电取暖工程。

2. 加快风电开发

风电开发要坚持集中开发与分散发展并举，优化风电开发布局。有序推进西北、华北、东北和东南沿海风能资源丰富地区的大型风电基地建设，综合考虑资源条件、电网接入、电力输送和运行管理等因素，有计划地建成多个风电集中开发区域；加快内陆地区分散风能资源的开发利用，在资源较丰富、电网接入条件好的山西、辽宁、宁夏、云南等地区建设中小型风电项目，有效利用本地区风能资源；建设分散式并网风电机组，实现风能资源就近、分散利用；积极稳妥推进海上风电开发建设，加快示范项目建设，促进海上风电技术和装备进步。

3. 加快发展太阳能等其他可再生能源

积极推进太阳能的多元化利用，在青海、新疆、甘肃、西藏、内蒙古等太阳能资源丰富地区，建设一批大型光伏发电基地；在城市发展"千万屋顶"计划。积极开展太阳能热发电产业化示范，加快普及太阳能热水器的应用，在农村地区推广太阳房和太阳灶。在无电地区，因地制宜地发展各种可再生能源组合的供电系统。发展与化石能源发电相耦合互补的技术。

利用边际性土地资源发展生物质能源，积极进行生物质能的资源增产、品种改良研发计划和工程；统筹各类生物质资源，按照因地制宜、综合利用、清洁高效、经济实用的原则，结合资源综合利用和生态环境建设，合理选择利用方式，推动各类生物质能的市场化和规模化利用。

合理开发海洋能和地热能资源。以提高海洋能开发利用技术水平为着力点，积极开展海洋能利用示范工程建设，促进海洋能利用技术进步和装备产业体系完善。加快地热资源勘查，加强地热开发利用规划管理，提高地热能开发利用技术和规模，加快浅层低温能和高温热岩资源开发，因地制宜地积极发展各类地热能发电。

（六）更先进、更安全的核电技术创新和核能的多元化利用

实施"安全高效"发展战略，坚持"战略必争、确保安全、稳步高效、产业协同"的方针，加快具有自主知识产权的核电国产化机组批量化建设；探索核能多用途应用；探索将核能与风能及水电等多种低碳能源有机耦合，进一步探索将煤等高含碳资源与核能和可再生能源等低碳资源集成，构建低碳复合能源系统。

1. 加快核能规模化利用

推动具有自主知识产权的先进压水堆核电示范工程建设和规模化发展；完善产业布局，稳步启动内陆核电示范工程；形成核燃料闭式循环，快堆-热堆耦合，实现核电三步走战略的第二步。长期来看，应实现海水提铀产业化，以支撑核能行业的长远发展，最终实现可控核聚变技术。

2. 审慎发展内陆核电站

在沿海核电建设的基础上，审慎发展内陆核电，做好内陆核电厂址的选择和安全性论证（尤其是对地震等灾害的防治），对严重事故工况下确保水资源安全的工程措施进行充分论证，制定严重事故工况下确保水资源安全的应急预案。

3. 开发核能多用途应用

开展核能供热、制冷和海水淡化；探索核能高温利用，开发核电高温工艺供热在稠油热采、煤液化、冶金等领域应用；利用水的高温裂解制氢；等等。

研究核电调峰技术及经济可行性测算，采用以下几种方式综合发展："因地制宜，水电核电联合发展"，利用水电站厂址共同建设核电站；核电与风电、太阳能等可再生能源优势互补，发挥共建与共运的经济效益；核电替代常规自备电厂提供蒸汽和电力；探索深度融合，

蒸汽重整联合制甲烷工艺；核电制氢多样化应用；发展海岛核电、核电与风电等可再生能源联合发电，推进海洋经济发展。

4. 构建低碳复合能源系统

探索核能与煤等高含碳资源和可再生能源等低碳能源耦合及集成利用，构建低碳复合能源系统，在保障能源供给的同时实现 CO_2 的减排。核能与可再生能源等低碳能源以热与电的形式作为系统能量输入，通过高温电解或低温电解，提供高含碳系统所需的 H_2 和 O_2。

（七）低碳耗、低成本、规模化 CCUS 技术研发与工程示范

我国减排 CO_2 首先应立足于强化节能降耗和资源化利用，大力发展新能源和煤炭清洁高效利用技术。CCS/CCUS 技术仍处于研发和示范阶段，重点是发展低能耗、低成本、规模化的 CCUS 技术。

1. CCUS 实现新能源增产

CO_2 用于驱替煤层气，实现提高煤层气采收率和埋存 CO_2；CO_2 用于增强型地热能系统以提取热量，使 CO_2 地质储存化的同时实现资源化利用；CO_2 用于培养微藻，制取生物柴油；CO_2 用于生产醇类、醚类、甲烷、液体燃料等清洁燃料和新型可降解聚合物。

2. CCS/CCUS 与新能源耦合

CCS/CCUS 技术与风能、太阳能等新能源进行耦合，将新能源产生的电能用于 CCS/CCUS，不仅可以减少网电消耗量，提高新能源利用率，支持新能源产业的发展；而且可以用新能源产生的电能通过高温电解 H_2O/CO_2 等技术（CO_2 作为原料），制取合成气（$CO+H_2$），再经费托合成过程，利用合成气生产清洁液体燃料。

（八）新能源汽车系统技术创新与规模化推广应用

以发展纯电动汽车和插电式汽车为主攻方向，发展混合动力汽车

为补充,并重研发燃料电池技术为储备。小型、短途行驶汽车以纯电动为主;中档、中远距离行驶汽车发展插电式;高档、远程行驶汽车发展燃料电池。优先发展高端和小型纯电动汽车,通过技术积累、商业模式探索和市场培育,突破电动汽车向中档大规模扩展和向普通家庭普及推广。

推动动力电池、驱动电机、电子控制三大关键系统和关键部件的产业化,建设和完善整车平台,提高新能源汽车产业化能力。统筹规划,加大政策引导力度;搞好顶层设计,加快建设新能源汽车充电站等配套基础设施,积极发展新能源汽车运营服务体系,方便广大用户对新能源汽车的使用,依靠"产品、政策和市场"三大支柱,扩大新能源汽车的示范应用规模。

加强新能源汽车的技术开发、规模生产、配套设施建设和运营服务体系构建,打造完整的新能源汽车产业链。完善国家级技术研发及测试平台,大力推进充电设施建设及充电技术标准、规范的制定,提升我国新能源汽车整车及关键零部件的开发能力。

(九)发电、电网、用电、信息协调发展,实现智能电网技术创新,以及能源与信息的高度融合

重点突破大规模间歇式新能源电源并网与储能、智能配用电、大电网智能调度与控制、智能装备等智能电网核心关键技术,形成具有自主知识产权的智能电网技术体系和标准体系,建立较为完善的智能电网产业链,基本建成以信息化、自动化、互动化为特征的智能电网,推动我国电网从传统电网向高效、经济、清洁、互动的现代电网的升级和跨越。

(十)积极探索能源耦合优化技术,建立化石能源与非化石能源耦合协调发展的智能清洁能源系统

从整个清洁能源体系考量,积极探索能源耦合优化技术,努力构建以煤炭为主体,电力为中心,油气与新能源和可再生能源为支柱的互补、耦合、协同发展的现代化清洁能源系统。通过各类能源资源的整合与优

化，实现不同能源的优势互补，提高能源系统的智能化利用水平和整体效率及效益。努力实现从环境保护滞后于能源发展向环境保护和能源协调发展转变，从偏重能源开发生产向智能化交互式能源供需并举转变，从倚重化石能源的开发利用向更加注重低碳能源的开发应用和创新转变，从过度依赖煤炭向低碳、高效、多元化的清洁能源结构转变。

（十一）积极发挥能源绿色转型在协同推进新型工业化、城镇化、信息化、农业现代化和绿色化中的作用

坚持节能优先，以工业、建筑和交通领域为重点，创新发展方式，形成节能型生产，实施煤电升级改造、工业节能和绿色交通行动计划；坚持集中与分散供能相结合，大力发展分布式能源，科学发展热电联产，鼓励有条件的地区发展热电冷联供，发展风能、太阳能、生物质能、地热能供暖，推动信息化、低碳化与城镇化的深度融合，建设低碳智能城镇；因地制宜发展农村可再生能源，推动非商品能源的清洁高效利用，加强农村节能工作。

第三章 能源生产革命的科技创新

第一节 煤炭科学开采科技创新

一、煤炭安全高效开采技术变革

（一）深部煤矿基于"应力场-裂隙场-渗流场"融合的地质保障技术

建立高精度地震勘探、电磁法勘探、CT扫描等新型勘探方法相结合的深层煤矿床资源综合探测的技术体系；研发煤矿应力场-裂隙场-渗流场高精度智能可视化测试技术，复杂矿井智能探测车、复杂矿井探测小型智能飞行器、自移动伺服智能钻探及随钻自动监测技术；开发基于深部地应力场-地温场-渗流场耦合模型的多元信息数字化矿山和三维矿井设计技术。

（二）深部煤矿动力灾害变革技术

开发强冲击倾向性煤岩体浸润改性亲水材料、深部煤层采动区围岩应力场CT实时探测及预警技术、深井采动应力集中区卸压技术和自移卸压操作机器人、深井高应力煤层冲击地压及大变形能量释放采集、转化和梯级利用技术。

（三）深部大型矿井建设技术

不同形式的机器人取代人工作业，研发钻眼机器人、装药机器人、出渣机器人、喷浆机器人、安装机器人等，基本达到建井无人化；研发核动力井巷施工装备；激光、微波、高能粒子、化学、生物等新型破岩技术与装备;"3D 打印"建井技术。

(四)深部工作面智能化无人开采技术

激光非接触式采煤方法与装备,综采工作面无人化控制系统及无人操作运行模式,矿井清洁生产和声、磁、电降尘法技术与装备。工作面三机协同联动控制,实现无人化生产,工作面及生产巷道可呼吸性粉尘浓度小于 3 毫克/米^3,初步实现井上监控和开采能力。

(五)提高煤炭资源回收率的技术

研发薄煤层智能机械化开采,等离子切割采煤技术与装备,采煤机器人;急倾斜煤层高效开采技术,急倾斜煤层自动化钻煤破煤成套工艺技术、急倾斜煤层柔性钻煤破煤一体机成套装备、急倾斜煤层原位洗煤零排放清洁开采技术。发展化学开采/地下气化技术,包括:难采煤层地下气化炉结构及构建技术,气化工作面综合探测技术,气化区顶板冒落及地下水防控技术,煤炭地下气化过程稳定控制工艺,污染物产生、迁移规律及控制与防治技术。

(六)煤炭高效多元化配送技术

基于物联网的煤炭物流技术,核心技术是射频识别(radio frequency identification,RFID)技术和全球定位系统(global positioning system,GPS)技术在流通环节的应用;煤炭供应配送一体化技术,包括适应市场需求的煤炭高效提质加工技术、煤炭"加工、运、储、配、销"系统集成技术变革;煤炭洁净高效多元化运输技术,包括通过高效燃煤发电和大容量远距离输电技术实现输煤到输电的技术、通过高效煤炭转化技术实现输煤到油气管道输送的技术、煤炭铁路运输转变到管道输煤技术。

二、煤炭绿色开采技术变革

(一)煤与瓦斯共采技术

研发煤矿井下瓦斯抽采智能钻车和抽采技术,实现矿井特殊环境下瓦斯抽采的无人化和智能化;井下瓦斯液化或固化浓缩利用技术;

采空区及松散煤体瓦斯微生物消除技术；煤与瓦斯气固气联合无人化抽采技术。

（二）生态环境制约下的煤炭绿色开发技术

研发煤矿采选充一体化技术，包括采选充系统自动化控制技术、采选充监测预警技术及故障诊断与自动处置技术；地表生态环境恢复治理技术，包括生态工程复垦技术、生物复垦技术、地表生态环境治理的装备与材料。

（三）深部矿井降温与地热利用的"煤热共采"技术

发展适合不同开采条件的深井高效节能降温与地热利用技术，实现矿区零燃煤、零排放；深部煤岩体中热源气体高效交换与开采利用技术。

（四）煤矿地下水库技术

开展煤炭现代开采（安全、高效和高回收率开采）对区域水资源系统（包括地上和地下水资源）的影响研究，煤炭资源与水资源协调开发理论与方法研究，煤矿地下水库储存矿井水基础理论与关键技术研究，矿井水分级处理和分质利用基础理论与技术研究，基于煤炭开采水资源保护的矿区生态建设理论与技术研究，等等。

第二节 油气勘探与开发科技创新

一、油气勘探配套技术

（一）油气勘探地质评价技术

发展完善陆相石油地质、小克拉通海相石油地质、多元天然气地质等理论体系，创建深层、深水、极地、非常规等油气勘探地质理论，形成针对性的勘探技术系列。

（二）地球物理勘探技术

发展宽频、宽方位、高密度的"两宽一高"地震采集处理、非均质储层及流体识别等地球物理技术。突破储层缝洞雕刻技术、礁滩识别技术、薄互层砂岩储集层预测识别、低电阻率和低渗透油层识别与评价等关键技术。

（三）优快钻井技术

研发液压钻机、高运移型钻机、仿生系统钻机、零排放钻机、连续管钻机、套管钻机等环境友好型钻机，发展完善优质钻头、喷射钻井、优化钻井、气体钻井、垂直钻井、旋冲钻井、连续油管钻井等钻井技术。创新发展井下动力钻具钻井、无钻机钻井、等直径钻井、激光钻井、等离子钻井等新一代钻井技术。

二、油气开发工程技术

（一）提高采收率技术

完善高含水油田、低/特低渗透油田水驱开发理论，发展新一代物理化学渗流理论和驱油用化学剂分子设计理论，发展多介质复合驱、CO_2 驱、微生物驱、纳米智能驱、稠油智能催化改质等提高采收率技术。

（二）储层改造工艺技术

发展完善"万方液、千方砂、十方排量"的大规模体积压裂技术，创新发展 LPG（liquefied petroleum gas，即液化石油气）、CO_2、高频脉冲等无水压裂技术，以及模块化、便捷化、小型化、大功率化的技术装备体系。

（三）平台式工厂化、标准化、集成化油气作业技术

推广平台丛式井生产方式，推行地面建设标准化、地面生产设施模块化，发展地面油气生产集成化技术。

（四）海域深水油气勘探与开发工程技术及装备制造技术

发展海域深水地球物理勘探技术、深水钻探技术、深水油气田生

产与集输技术、深水和超深水智能化海底生产系统、海洋工程重大装备制造技术以及海域深水安装、维修、救援作业技术。

第三节 先进核电技术和核能多元化利用科技创新

一、自主核电的规模化建设

实现核电的规模化、批量化发展，必须立足于建设具有自主知识产权的大型先进压水堆国产化机组，通过推动示范工程建设，不断优化预防和缓解严重事故后果的安全措施，提高机组抵御极端外部事件的能力，提升经济性来实现国内规模化建设，实现自主核电品牌走出国门、参与世界核电市场竞争的目标。

二、核能多用途利用技术

探索核能在发电、城市采暖供热、工业工艺供汽及海水淡化领域的多用途利用技术。

（1）发电：用于大型核电机组应用受到限制的地区、边远地区的供电及分布式电源，代替退役的燃煤发电机组。

（2）城市采暖供热：我国城市（尤其是三北地区）采暖能源需求巨大，燃煤（每年数亿吨）供热运输压力、环保压力大，安全、环保的小型核能供热是市场潜在需求。

（3）工业工艺供汽：用于新建工业园区的工业供汽，替换原有工业园区供汽机组。

（4）海水淡化：我国正加快推进海水淡化产业发展，核能海水淡化安全环保，具有广阔的市场前景。

三、浮动核电站技术

突破浮动式核电站关键技术，包括：浮动核电站总体技术方案设计研究、长寿命棒控堆芯设计研究、控制棒驱动机构小型化技术研究、小型钢安全壳设计技术研究、换料策略最优化研究、安全系统设计技术研究、浮动平台及配套设施设计技术研究等。

四、海水提铀技术

海水提铀研究技术路线图如图 3.1 所示。

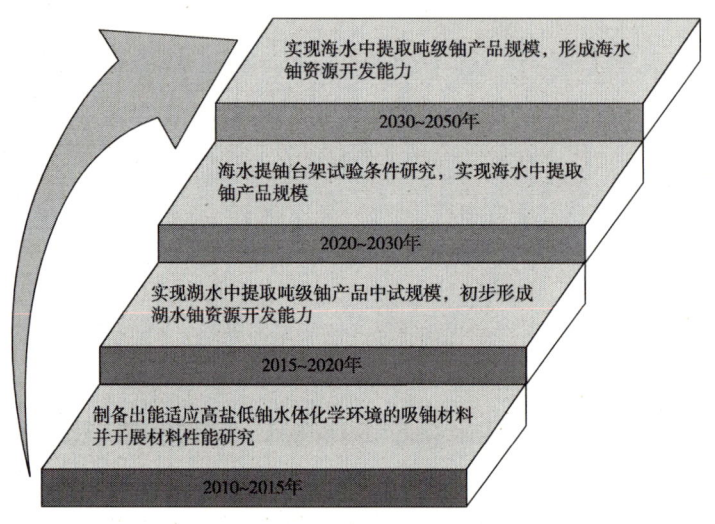

图 3.1　海水提铀研究技术路线图

2010~2015 年：制备出性能好、能适应高盐低铀水体（盐湖、咸水湖或海水）化学环境的吸铀材料；开展高盐低铀水体提铀吸附材料的吸附性能研究。

2015~2020 年：开展盐湖或咸水湖水体提铀吸附材料的工艺研究并提供工艺参数，完成提铀材料台架试验研究，完成盐湖或咸水湖中提铀半工业化试验条件研究,实现湖水中提取吨级铀产品的中试规模,初步形成湖水铀资源开发的生产能力。

2020~2030 年：利用盐湖或咸水湖铀资源开发的技术储备，进行海水提铀台架试验条件研究，实现海水中提取铀产品的试验规模。

2030~2050 年：进行海水提铀工业化试验条件研究，实现海水中提取吨级铀产品的中试规模，形成海水铀资源开发的生产能力。

五、核燃料闭式循环技术

我国核能发展基于资源和技术的双重考虑而确定采用"热堆、快堆、聚变堆"三步发展路线。为实现第二步战略以保证我国核电可持续发展,必须实现核燃料闭式循环(图 3.2)。建议走"快堆引领、后处理耦合、热堆规模化发展"的路线:通过快堆燃烧天然铀中 99.3% 的铀 238 和增殖,实现核燃料的有效利用;通过快堆和加速器驱动次临界系统(accelerator-driven system,ADS)等嬗变技术产业化,解决环境安全问题;同时需要大力发展乏燃料后处理技术和 MOX 燃料技术,而大规模发展先进压水堆核电站是闭式循环发展的基础,能够解决目前的能源需求,同时为快堆积累燃料,逐步过渡到闭式循环的可持续发展模式。

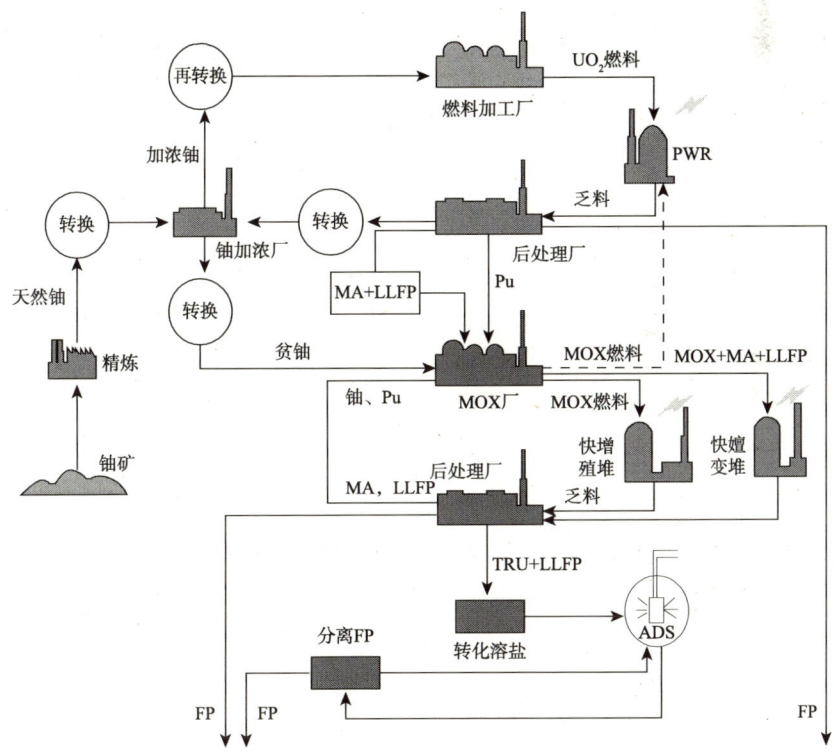

图 3.2　闭式核燃料循环图

PWR 即压水堆(pressurized water reactor);MA 即次锕系核素(minor actinides);LLFP 即高效长寿命裂变产物(long-lived fission product);FP 即裂变产物(fission products);TRU 即超铀废物(transuranium waste)

第四节　可再生能源利用科技创新

一、风能利用技术

（一）大功率海上风电机组研发及产业化

低成本、大尺寸、低噪声、高可靠性的风电叶片技术：采用模块化或分段设计，优化叶片的气动特性，抑制扰流和提高发电量；选用碳纤维等轻量化材料，采用一体化成型工艺，提高生产效率和降低生产成本。

同步发电机前置调速的风电机组传动技术：降低尺寸、降低重量和成本，提高传动系齿轮、轴承等部件的可靠性。

高温超导技术：降低发电机损耗，提高发电效率，有利于降低发电机尺寸和重量，支持风电机组大型化。

（二）智能控制技术开发及应用

辨识技术和自适应技术：在运行中可持续识别机组各系统运行状况以及温度、湿度、风况等自然环境的变化，并自行修正控制模型，调整机组运行状态。

气象、风况、电网等外部信息的预测和采集：采集气象、电网等外部信息，提高风电场电力输出的可预测性、可控制性、可调度性，以及对环境、电网的适应性。

智能诊断及运行寿命预估技术：引入远程人工故障诊断结果进行自修正，并根据故障的特点对其他机组提出提前应对方案。基于自诊断结果，可预估机组和部件的失效时间及预期寿命，从而实现提前维修准备。

（三）海上风电场基础设计与工程施工

开发深海区域浮动式风电技术，对施工方案进行优化设计，最大限度地降低施工成本。

（四）风能资源评估技术

研究开发高分辨率山地风能资源评估的数值模拟技术，包括中尺度模式+CFD（computational fluid dynamics，即计算流体力学）的综合数值模拟技术。重点研究海面大气湍流运动对风力发电的影响，以及风电大规模开发对生态环境和气候变化影响。

（五）风电设备测试认证能力建设

完善或新建公共测试平台，如传统链测试平台、轴承测试平台、风电叶片测试平台、发电机测试平台，以及其他电器、构件、防雷、防腐等测试实验装置等；开发适合大功率风电机组及关键部件研发设计软件；完善和更新我国风电技术标准体系，推行强制性测试认证制度。

（六）区域风电场的科学调度和区域分布式电网

充分利用风能资源在地理广域分布上的时空互补特性，需要对地理上分散的众多风电场研发建立风电场群集中调度控制技术，使风电场群在规模和外部调控特性上接近常规电源，具备灵活响应电网调度控制指令的能力，关键技术包括风电场群功率预测、有功频率/无功电压优化控制技术、安全稳定控制技术等。

微电网作为大规模分布式可再生能源接入电网的模式，将会在未来的配电系统中大量存在，成为智能配电系统的重要组成部分。需要突破的关键技术包括微电网保护控制技术、优化运行与综合能量管理技术、高品质供电技术，以及与配电网无缝连接技术等。

二、太阳能利用技术

（一）太阳能热利用技术

（1）开发和推广太阳能低温热水集成技术，包括高效集热、贮热技术，机电一体化和运行技术，辅助能源技术，与建筑结合技术，控制技术等。

（2）跨季节储能与太阳能热力站技术：大规模太阳能集中供热采暖系统及热力站建设；与煤电机组的耦合发展。

（3）太阳能空调及热发电技术研发，太阳能供热采暖、制冷空调的全年综合利用技术。

（4）太阳能海水淡化的设备开发与产业化发展。

（5）开发高效平板太阳能集热器技术：涂层 $\alpha \geq 0.92$、$\varepsilon \leq 0.08$、玻璃 $\tau \geq 0.90$、热损 ≤ 4 瓦/米^2·开；配套的平板集热器先进生产装备及工业化生产与应用。

（6）开发推广分体式承压太阳能热水系统：开发推广分体式二次回路太阳能热水系统等新型承压式太阳能热水系统。

（7）太阳能热水工程技术：紧凑式家用太阳能热水器的性能提升，以及向与建筑结合分离式太阳能热水系统的转型。

（8）开发推广太阳能热水采暖、制冷及辅助能源匹配技术；

（9）开发太阳能中高温集热技术，温度 80~250℃。

（10）开发太阳能热利用在工农业生产中的应用技术。

（11）开发空气集热器，推广太阳能干燥技术及其他太阳能热利用在工农业生产中的应用技术（海水淡化、工农业用热水等）。

（12）中低温储热材料与储热系统开发。

（二）太阳能光热发电技术

太阳能光热发电技术路线如图 3.3 所示。

槽式太阳能热发电技术：2020 年前以导热油为传热介质的槽式太阳能热发电技术是主流太阳能热发电技术之一，并伴随着规模化电站的建设，打造中国完善的太阳能热发电产业链；2020 年后，以熔融盐、DSG（direct steam generation，即直接蒸汽发电）技术为代表的槽式二代、三代技术将逐步发展，并开始商业化应用；2025 年以后将逐步成为槽式发电的主流技术，研发与煤电机组、光伏发电的耦合发展技术。

塔式太阳能热发电技术：2020 年前 DSG 塔式太阳能热发电技术是主流太阳能热发电技术之一，2020 年左右作为第三代技术的熔融盐

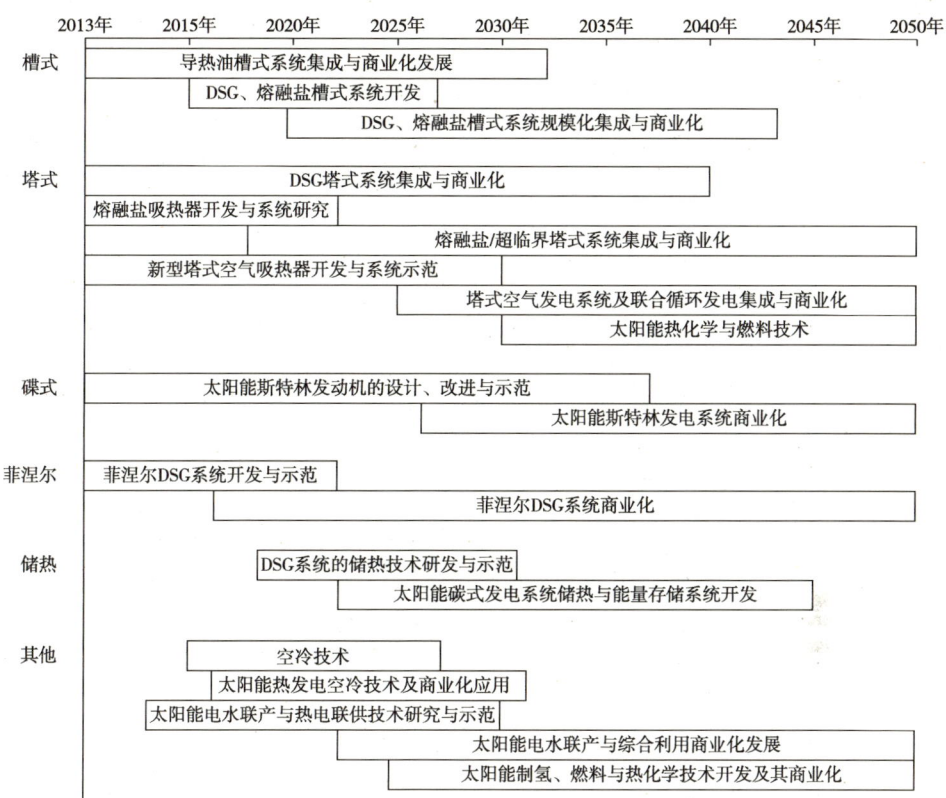

图 3.3 太阳能光热发电技术路线图

技术将逐步完善并实现商业化应用；2025~2030 年以空气及粒子集热器为代表的第四代塔式太阳能热发电技术将逐步得到商业化应用。

碟式技术：2020 年前后，逐渐完善适应于太阳能碟式发电技术的太阳能斯特林机设计与制造技术，逐步实现商业化应用，带动我国太阳能热发电技术在分布式电力系统中的发展。

菲涅尔技术：以 DSG 技术为主的菲涅尔太阳能热发电技术涉及的膨胀机等在 2020 年前后逐步成熟，并推动我国太阳能热电联产技术在规模化电站发展及与工业领域用能相结合的电热联产系统领域应用。

储能技术：储热材料和储能设备在未来 40 年中将逐步得到发展和改进。

其他：以电水联产、电热联产为代表的能量协调利用系统，将提升太阳能热发电系统的能量利用效率；以太阳能热化学为代表的太阳能高温热利用计划发展，将拓展太阳能高温热利用技术的应用领域与产业规模。

（三）太阳能光伏发电技术

1. 晶体硅太阳电池技术

研究新结构太阳电池及其制备技术，解决晶体硅电池的关键工艺环节。新结构太阳电池包括：HIT（hetero-junction with intrinsic thin-layer，即异质结）太阳电池、背结太阳电池、MWT（metallization wrap-through，即金属穿孔卷绕）太阳电池、双面 N 形硅太阳电池；电池制作关键工艺包括背钝化技术、离子注入技术、铜电极技术等。产业化生产太阳电池光电转换效率突破 22%，实验室制备太阳电池光电转换效率突破 25%，并探索光电转换效率超过 30% 的高效、低成本、绿色环保的太阳电池制造技术路线。

2. 薄膜与新型太阳电池技术

优化薄膜太阳电池结构和制备工艺，使产业化生产的薄膜太阳电池组件光电转换效率超过 15%，实验室制备薄膜太阳电池光电转换效率突破 20%；现有薄膜太阳电池包括硅基薄膜太阳电池、铜铟镓硒薄膜太阳电池、碲化镉薄膜太阳电池；积极开发薄膜太阳电池在消费电子领域中的应用。

通过新材料、新工艺和新结构的研究，新型太阳电池有突破性进展。开发诸如钙钛矿电池等新型高效吸收材料，以及新型叠层太阳电池的关键制备工艺及技术。

3. 光伏并网电站的远程智能监控与管理

大型并网光伏电站通过对每一组电池板的监控，实现发电量的最优匹配、并将每一组电池板的信息汇总，通过云系统实现远程控制与管理。实现不同地域光伏并网电站的统一协调控制。

4. 光热与光伏建筑一体化建设

光伏建筑一体化（building integrated photo voltaic，BIPV）技术与光热技术相结合，实现多种能源的互补，提高总体太阳能利用率，同时降低总体成本。利用光伏发电驱动光热系统的热循环系统，不仅解决生活热水问题，还能具有取暖作用，最终达到零能耗的绿色建筑。

5. 空间光伏电站建设

研究在地球静止轨道建设空间太阳电站的关键技术，包括研究：可长期耐受宇宙射线辐射的高效空间太阳电池，高效能量聚集与无线传输技术，高效能量接收与转换技术，等等。

三、生物质能利用技术

（一）生物质燃气高效制备与高值利用

通过集中供气、热电联供、分布式能源系统、管道车用天然气替代、混氢天然气利用、生物燃气化学品制备等技术体系，实现生物燃气的高值高效综合利用；通过沼渣、沼液的直接生态利用，全面有效处理各类农村和城市有机污染物，同时实现其能源化、资源化综合利用。

（二）木质纤维类生物质全成分转化与利用

以来源丰富的木质纤维类农林废弃物及能源植物为原料，通过预处理解构技术，纤维素生物醇及化学品高效转化菌株构建，核心关键的高效催化转化技术攻关和系统工艺技术的集成创新，建立基于糖平台的木质纤维素全成分转化制取高品位燃料联产化学品的技术体系。

（三）非粮淀粉及糖类原料高值化利用

开发能够直接利用非粮淀粉及糖类资源生产液体燃料（乙醇、丁醇），并实现生物质全利用及副产物综合利用。通过产业化资源的获得、高品质产品的创制、废水培养技术的开发、高效液体燃料转化技术的研究、高值成分的提取等前沿技术，在系统集成的基础上创制出一种集废水处理、生物量积累、能源生产、副产物开发于一体的能源综合利用新模式。

（四）非食用油脂资源的高效转化

突破油脂资源集储、高效催化剂制备、生物油精制改性、液化产物树脂化等核心技术，生物燃料油、多元醇、表面活性剂、塑料助剂等重大产品实现产业化，形成规模化生产能力，构建集油脂类资源集储、炼制于一体的产业链和技术体系。

（五）绿色生物基材料与化学品高效制备

以秸秆、林业废弃物及非粮能源植物等农林生物质资源为原料，围绕生物基材料功能化、高值化、替代石油基材料、制备和使用过程绿色化的发展目标，确立符合我国国情的农林生物质资源高效增值综合利用的材料化技术路线，突破生物基材料开发过程中的生物合成、化学合成改性及树脂化、复合成型等制约产业发展的核心技术，构建从可再生原料到终端制品的全产业链，建立良好的产业发展环境。

（六）生物质高效发电与多联产

研究突破低结渣、低腐蚀、低污染排放的生物质直燃发电技术、混燃发电计量检测技术和高效洁净的气化发电技术，探索技术装备规模化产业创新和原料收购商业模式创新，开展先进生物质能综合利用的产业化示范，提升我国生物质发电成套技术装备水平及研发创新能力，构建完整的生物质发电产业链，实现高效利用农林废弃物资源生产清洁电力的目标。

（七）成型燃料高效低成本生产与装备

建立适合我国不同地区生物质原料产出特征的原料收储运模式及产业化生产模式，开展生物质成型燃料大型成套设备与一体化工业生产自动控制系统关键技术研发，实现生物质成型燃料的工业化生产。

（八）多元生物质原料开发

开展研发多元化、多渠道的生物质原料持续供给体系，由粮食等原料向非粮原料发展、由目前农林废弃物资源为主向能源植物/藻类资源与农林废弃物资源并存的方向发展。

四、海洋能利用技术

系统运行优化控制技术、新型可靠低成本高效转换技术、潮流能和波浪能装置设计制造技术、温差能利用装置（低压蒸汽透平、低沸点工质透平、海下长距离管道和大流量高效换热器）设计与建造技术、电站建设施工和维护技术、抗腐蚀和防海洋生物附着技术、长距离输送技术、海洋能与太阳能和风能综合利用技术等。

五、地热能

开展干热岩热能开发与综合利用关键技术研究：干热岩靶区工程测试及人工压裂工艺技术、干热岩地热地质资源评价与开发技术、干热岩发电及综合评价关键技术和干热岩能量转换效率评价技术。

在太阳能和地热资源丰富而电力严重短缺的西藏地区，发展高温地热与太阳能联合发电技术：地热发电构成基础负荷，依靠其连续性和稳定性，可以使间断性的太阳能光伏发电得以输送，太阳能发电也增加了总供电能力。

六、大规模可再生能源发电并网技术

研究包含风电、光伏、光热以及其他类型的可再生能源发电关键装备与系统集成技术，研发建立大规模可再生能源发电集中式与分布式并网仿真分析技术，研究完善各类型可再生能源发电并网试验技术，研究建立可再生能源电力试验检测平台与并网发电设备认证体系。研发大规模可再生能源发电的先进智能控制技术、高精度功率预测技术、智能优化调度运行技术，实现可再生能源电力、常规电源以及储能装置的协调优化调度运行。

随着大规模可再生能源发电的网源协调性能不断增强，结合智能电网的发展，进一步突破解决以下关键技术难题：与分布式电源相适应的微电网（分布式电网）技术；支撑电动汽车发展的智能电网技术和市场模式；大规模储能与系统集成技术；智能主动配用电技术；大电网智能运行与控制技术；智能输变电技术与装备技术；电网信息与通信技术；柔性输变电技术与装备技术；智能电网集成技术。

第五节 先进煤电与煤炭分级转化利用科技创新

一、先进高效发电技术

突破先进超超临界机组高温部件关键材料研制、基于流态重构的节能型低排放循环流化床燃烧、IGCC（integrated gasification combined cycle，即整体煤气化联合循环发电）系统和核心设备开发、煤炭分级转化发电及资源化利用、大功率煤气化燃料电池发电（gasification fuel cell）等关键技术，形成燃煤高效发电成套设备，并通过 400~1 000 兆瓦机组的工业示范，实现煤炭高效利用。实现 700 ℃超超临界燃煤发电锅炉与汽轮机、节能型超临界循环流化床锅炉、新型煤气化炉、燃料电池、富氧和化学链燃烧、储能装备、大型热（水）电联产机组等重大能源装备的自主开发和制造。

二、煤炭分级转化利用技术

以电力生产为核心，分级提取利用煤中相应组分及污染物、废弃物，生产高附加值产品，大幅降低污染物排放，显著提升煤炭单位产值综合经济社会效益。

（1）突破煤炭热解过程中含焦油高温煤气除尘、余热回收、焦油捕集及废水处理等关键技术，研发高效可靠的热解气化多联产系统成套装置,解决煤热解气化燃烧分级转化技术规模发展和应用的瓶颈问题。

(2)研究热解气化炉和半焦燃烧过程的有机集成及其联合运行特性,掌握半焦燃烧技术、大型锅炉和气化炉协调控制技术,实现煤炭热解清洁高效发电。

(3)创新焦油品质提升和深加工技术,发展"燃料-润滑油"和"化学品-燃料油"工艺路线,实现资源利用充分、产品高附加值化。

(4)发展热解气分离氢、甲烷制化工产品、合成气制含氧化合物等技术,提高资源利用率,并为下游产品加工提供原料。

第六节 燃煤污染物综合脱除与资源化利用科技创新

一、炉内和炉后NO_X多级系统控制技术

开发炉内和炉后NO_X多级系统控制技术;开发抗中毒、抗磨损、高效脱硝、低SO_2/SO_3转化率的催化剂配方,通过炉后脱硝和炉内空气分级、燃料分级、浓淡燃烧等低NO_X燃烧技术的耦合集成,实现NO_X排放浓度低于50毫克/标方,并协同氧化汞。

二、高效节水脱硫与协同脱硝和脱汞技术

开发吸收塔强化传质技术和多效添加活性组分配方,强化协同脱除效益,实现脱硫效率99%以上,达到天然气燃气轮机组SO_2排放限值(35毫克/标方),同时实现NO_X和汞的协同控制。采用高效吸收塔和出口碱液吸收技术,实现SO_2排放浓度低于20毫克/标方。

三、污染物一体化深度脱除技术

突破污染物一体化深度脱除技术,开发SO_2、NO_X和汞等联合脱除的一体化脱除技术体系,形成具有自主知识产权的污染物一体化脱

除集成技术和成套设备，实现脱硫效率≥96%，脱硝效率≥90%，脱汞效率≥90%。

四、控制 $PM_{2.5}$ 的新型湿式静电除尘技术

研发电凝并/多场耦合凝并技术及湿法烟气脱硫塔后新型湿式静电除尘技术，形成脱硫塔前除尘、脱硫塔内除尘及脱硫塔后除尘的多级 $PM_{2.5}$ 控制系统，实现烟尘排放浓度小于 5 毫克/标方；同时协同脱除塔后烟气中携带的 SO_3 酸雾、细小浆液滴、汞等多种污染物，有效解决蓝烟/黄烟、"石膏雨"以及塔后汞、雾滴等污染排放新问题。

五、燃煤烟气污染物的资源化回收技术

发展和创新燃煤烟气污染物的资源化回收技术，重点开发活性半焦吸附回收 SO_2、等离子体催化氧化回收硝酸盐技术，实现污染物资源化利用。

六、燃煤电厂烟气污染物高效控制的清洁环保岛示范

通过系统集成及优化开发，形成燃煤电厂烟气污染物高效控制的清洁环保岛，满足烟尘<5 毫克/标方，SO_2<35 毫克/标方，NO_X<50 毫克/标方的燃用天然气的燃气轮机组排放标准要求。

第七节 CCS/CCUS 科技创新

一、CO_2 捕集技术

燃烧后捕集技术：2020 年以前重点发展醇胺法捕集技术，开展工业示范和规模化技术推广；进行热钾碱法捕集技术研发。2020~2030 年实现醇胺法捕集技术商业化推广，进行热钾碱法捕集技术示范。2030~2050 年形成低成本燃烧后捕集技术体系并实现商业

化应用。

燃烧前捕集技术：2020年以前加大高温煤气净化技术研发、高效燃气轮机的研发、高效气化炉研制及低能耗制氧空分系统和蒸汽循环系统研究，完成IGCC-CCS中试规模的工业示范；2020~2030年通过新技术研发和耦合新能源工艺流程的优化，形成低成本、低能耗、高性能燃烧前捕集技术，并进行工业示范，2030年以后达到成熟应用，工业推广，商业化运营。

富氧燃烧捕集技术：2020年以前重点开发低能耗、低成本氧气提纯技术，降低大型空分工艺能耗；研发高温耐热材料及富氧燃烧锅炉设备。2020~2030年积极开展富氧燃烧捕集技术示范；2030年后实现超临界富氧燃烧及CO_2捕集技术规模化应用。

高碳天然气分离捕集技术：2020年以前重点开展膜分离技术研发和工业示范，2020年实现商业化推广，同时开展低温蒸馏CO_2捕集技术的研发，开展示范工程建设，形成低成本高碳天然气及伴生气捕集技术，全面商业化推广应用。

除了捕集工艺问题，CO_2捕集过程中另一主要矛盾是生产过程的高能耗，可综合利用太阳能、风能等新能源，系统优化捕集工艺技术流程和设备研发，系统集成，最大限度地降低能耗。

二、CO_2运输技术

2015年以前，以完善CO_2输送基本理论为主，开展大规模CO_2管输工艺研究，进行全流程中试及示范，CO_2运输管道至少达到80千米，输送成本控制在90元/吨以内，年输送能力超过50万吨。到2020年，建立并形成完善的CO_2管道输送相关标准体系，健全安全控制技术体系，建成百万吨级全流程示范，输送管长达到200千米，成本控制在80元/吨，年输送能力超过100万吨。2030年全面掌握产业化技术能力，输送管长达到1 000千米以上，成本控制到70元/吨，年输送能力超过1 000万吨。到2050年，全面推广实施应用CO_2输送技术，建设超过5 000千米的CO_2输送管道，成本控制在70元/吨以下，年输送能力超过 5 000 万吨。

三、CO_2 驱油与封存技术

CO_2 驱油技术：2015 年以前，要做好详细的资源评估，同时开展不同类型油藏 CO_2 驱提高采收率和埋存技术先导试验，扩大试验研究和实施，进一步形成成熟的技术体系；到 2020 年，在详细资源评估的基础上，结合 CO_2 集中排放源的分布，优化源-汇匹配研究，完成源-汇匹配规划方案设计，跨行业、跨部门合作开展 CO_2 捕集-驱油-埋存一体化技术研发，做到方案设计、技术实施、经济评估一体化统筹规划，加大 CO_2 驱油应用力度，投入 6 000~12 000 吨储量进行 CO_2 驱油；2030 年以后进入商业化、规范化的推广应用，大力实施 CO_2 捕集-驱油-埋存一体化项目，累计投入储量 5 亿~10 亿吨。

CO_2 驱煤层气及咸水层埋存技术："十二五"以机理研究和技术研发为主导，做好适应 CO_2 驱煤层气资源分类及评估、CO_2 咸水层埋存选址评价方法研究；"十三五"完成源-汇匹配优化研究及规划，开展区块先导试验示范工程建设；2030 年大力开展 CO_2 捕集-驱气-埋存一体化、CO_2 捕集-埋存一体化技术研发，实施大型一体化示范工程项目，落实环境安全监测方法及长期埋存安全性监测技术研究；到 2050 年实现全流程技术推广和规模化、商业化项目实施。

四、CO_2 化工利用技术

进一步推广和扩大传统 CO_2 化工产品利用技术，开展耦合新能源的低能耗、低成本 CO_2 化工产品生产工艺技术研究；加大 CO_2 化学转化制取合成气、甲醇、聚氨酯等新产品技术的研发，建立万吨以上化工利用工程示范；2030 年建立 10 万吨级以上大规模产业化工程示范，开展 CO_2 化学转化制取能源、化工产品技术产业化优化与装备研发；到 2050 年建立完整的 CO_2 化工应用与产品体系，形成商业化推广应用技术能力，进行 CO_2 化工利用新技术大规模工业化推广。

五、CO_2微藻生物制油技术

微藻制油的技术发展方向在于在不断提高技术效率的基础上，对藻类生物质进行合理的综合利用，并且要与CO_2、NO_x减排相结合。利用微藻生物制油技术来减排CO_2，需要在微藻高效低成本规模养殖技术和微藻高效综合加工利用技术上进行突破。因此在未来的40年发展中，主要以高值、低能耗微藻养殖，以及制油技术优化及其与新能源耦合生产系统研发为目标，"十二五""十三五"重点攻关高产新藻株培育，可利用碳源、磷源、氮源的开发，低成本养殖及制油技术研发，建立微藻养殖及制油中试示范工程，以此为载体开展提高光合效率技术研发和高值副产品生物炼制技术研究；2030年形成高值副产品生物炼制技术，开展微藻养殖与土地资源合理布局优化及与新能源耦合的技术研究和利用，推广高产微藻养殖技术，开展低成本、低能耗收获及加工技术研发，建立示范工程；2050年形成微藻研制及制油技术、副产品加工技术商业生产能力，开展商业化技术推广。

六、CO_2矿化技术

研发CO_2新型矿化利用技术。以固废磷石膏矿化CO_2联产硫基复合肥为例，结合目前的研究现状和前景预测，做好CO_2矿化技术优化及与新能源耦合的低能耗、低成本矿化工艺技术研发，"十二五"以小试为基础，建成CO_2矿化中试装置；"十三五"建立若干CO_2矿化技术工业示范装置，逐步扩大示范工程规模，到2050年实现技术成熟、能耗降低和商业化应用。

第八节　新能源汽车科技创新

一、高性能动力电池技术

持续提升磷酸铁锂、锰酸锂、三元等正极材料和硬碳、硅基等负极材料的先进制备技术和工艺；跨领域联合开展新一代高容量锂离子正负极材料和以锂聚合物电池、锂硫、锂空气、钠空气为代表的新型体系电池的深度基础研究和制造技术工艺研究；燃料电池技术研发和储备并重，突破关键核心技术，建立国家氢能和燃料电池综合示范区，将其建设成为氢能和燃料电池技术应用的试验和展示区域。

二、整车底盘及车身技术

建设新能源整车底盘及车身全新设计开发平台；加强电驱动系统总成关键技术研发和产业化，包括高效发动机及控制技术、自动变速器设计及控制技术、混合动力总成及控制技术等；开展新能源汽车电动辅助系统的研发，如电制动系统、电动空调（特别是热泵空调技术）以及转向助力系统；开发运用高科技智能辅助驾驶技术、车载互联网技术和智能信息技术。

三、关于基础设施建设和商业运营模式的创新

研究制定充电/换电基础设施设计、建设、运行规范，提高整体设计水平、安全保障能力。研究电动汽车基础设施网络总体发展规划和推进计划，为形成全国统一标准的充/换电综合网络体系提供技术支撑。研究开发场站直流（包括快速）充电机、车载充电机及快速充/换电站等各种充/换电技术及成套装备；研制与下一代纯电驱动平台和与智能电网配套的电动汽车能量双向转换技术与装备，研究与可再生能源分布式发电结合的相关技术与产品。

通过多种商业模式在电动汽车发展初期的示范推广应用，从形成产品市场竞争力、配套系统技术和装备的科学性、能源供给基础设施建设与服务的方便性等方面，展开对电动汽车商业模式及配套装备技术研究，探索出适合我国电动汽车可持续发展的商业化模式。

第四章 能源生产革命重大项目及建议

第一节 能源生产革命重大工程

一、煤炭科学开发重大工程

（一）新疆地区煤炭资源勘探和保障工程

新疆煤炭预测资源量约占全国的 40%，但探明资源比例仅占全国的 10% 左右。实施该项工程，突破煤田精细勘探和多源地质灾害探测、高精度快速钻探、煤矿高精度三维地质建模与可视化等技术，提高资源勘查精度、效率和效益，到 2020 年将新疆煤炭探明储量占全国的比重提高到 20%，2030 年提高到 30%。

（二）晋、陕、蒙、宁地区煤炭高效开发及生态保护工程

晋、陕、蒙、宁地区煤炭基础储量占全国的 60% 以上，开采地质条件相对简单，但水资源仅占全国的 3.7%，且生态脆弱。针对晋、陕、蒙、宁地区大规模煤炭开发及生态保护的重大需求，开发大断面特殊地层大型矿井快速建设、巷道安全快速掘进与支护、高效辅助运输、井工煤矿少人与无人工作面智能化开采、煤矿地下水库、地表生态修复等技术和装备，加快实施该项工程，建设高效智能生态矿山。建成 6 个（神东、晋北、晋东、晋中、宁东、陕北）以千万吨级矿井为主的安全高效大型煤炭基地。2020 年煤炭科学产能占地区产量的 70%，2030 年达到 80%。生态恢复率由目前不足 10% 提高到 2020 年的 30%、

2030年的50%。

（三）中东部深部煤炭安全开采及生态矿山建设工程

目前全国有47座超千米深井，主要集中在中东部地区。针对中东部煤炭深部开采带来的高瓦斯、高地压、高地温、高水压和黄淮海冲积平原"三下"压煤量大等问题，开发深部矿井煤岩瓦斯动力灾害监测及防治、冲击地压预测与防治、热害防治及地热综合利用、煤炭"三下"安全高效开采、矿区生态恢复等技术和装备，实施该项工程，实现中东部深部煤炭资源安全开采，建设生态矿山。2020年，百万吨死亡率降到0.05以下，土地复垦率达到70%；2030年，百万吨死亡率降到0.01以下，土地复垦率达到80%。

（四）东北褐煤资源绿色开采与高效利用工程

我国褐煤资源量占煤炭资源总量的13%，主要分布于东北地区。针对东北草原森林酷寒地区露天开采生态修复和褐煤高效利用的问题，开发水资源保护、植被快速恢复、采矿与土地复垦一体化、褐煤提质、分级转化及资源化发电等关键技术，实施该项工程，实现褐煤资源绿色开采与高效利用。2020年，生态恢复率达到40%；2030年，生态恢复率达到60%。

（五）西南复杂地质条件煤炭安全开采工程

西南地区煤田构造条件极为复杂，瓦斯、顶板、水害等灾害严重，机械化程度低，该地区煤炭产量占全国的10%左右，煤炭开发死亡人数占全国近40%。开发复杂地质条件精细探测，低透气性煤层增透，井下综合立体瓦斯抽采，大倾角、急倾斜煤层高产高效开采，小尺寸、大功率薄煤层自动化等技术及装备，实施该项工程对提高复杂地质条件下安全开采具有重要意义。2020年，采掘机械化程度达到60%，百万吨死亡率降到0.5以下；2030年，采掘机械化程度达到80%，百万吨死亡率降到0.1以下。

二、油气开发重大工程

（一）新型提高采收率技术攻关及应用示范工程

超前开展多介质复合驱、微生物驱、纳米智能驱、稠油智能催化改质等新型提高采收率技术攻关，选择不同类型油藏加强应用示范工程建设，力争用20~30年的时间突破关键技术，并逐步推广应用。

（二）海洋深水"蓝海战略"重大科技攻关工程

我国海洋传统疆域内拥有20多个含油气盆地，石油、天然气远景资源量分别为353亿吨、27万亿立方米，占全国资源总量的1/4和2/5，但资源探明率分别仅为10%和3%，远低于全国平均水平，而且当前油气勘探开发主要集中在近海海域。通过设立海洋深水"蓝海战略"重大科技攻关工程，整合涉及海洋油气勘探开发的研究项目，集中全国优势力量，力争2020年前形成具有自主产权的海洋深水油气勘探开发技术与装备体系。

（三）不同类型非常规油气勘探开发技术攻关及示范工程

选择有规模、难动用的致密气储量区以及多类型煤层气富集区，加快先导开发示范区建设。优先在川渝、湘鄂、云贵和苏皖等地区，分类选择页岩气有利富集区，加快先导开发示范区建设，尽快形成规模产量，替代高危瓦斯区煤炭的生产；注重对常压/低压型页岩气经济有效开发技术攻关。优先在南海北部陆坡地区加强天然气水合物资源勘查与富集区评价优选，适时启动开采试验区建设。

（四）常规与非常规油气协同开采试验及地面建设标准化应用示范工程

常规与非常规油气资源一般具有"有序聚集、空间共生"的特征，通过采取"整体研究、整体部署、整体勘探、整体开发"勘探开发方式和平台丛式井+"工厂化"生产模式，探索在同一平台井场实现常规与非常规油气协同开采，进一步提高油气资源开发利用效率和经济效益。加大地面建设标准化应用示范工程推广，促进油气生产方式变革，实现油气采掘业与环境友好发展。

三、煤炭清洁高效转化与利用重大工程

建设煤炭高效清洁转化与利用工程示范，突破含焦油高温煤气除尘、余热回收与焦油捕集技术，半焦燃烧技术，大型锅炉和气化炉协调控制技术，焦油品质提升和深加工技术，以及热解气制备化工原料技术。2020年，实现煤炭分级转换和分质利用系统的产业化应用；2030年，完善相关产业的标准化，形成产业链；2050年，形成大规模系统的产业链商业化运行模式，完成各种污染物控制与回收技术体系，在确保发电稳定的情况下，延伸发展煤基多联产，形成跨行业系统集成的规模化产业链，达到污染物超低排放。

四、胜利油田100万吨/年全流程CCUS重大工程

胜利油田100万吨/年CCUS工程包括捕集纯化工程、输送工程、注入工程、钻采工程、地面集输工程和采出气回收工程，形成了完整的循环链。目前该项目已完成100万吨/年燃煤烟气CO_2捕集可研报告编制，35万吨/年CO_2驱油油藏、钻采、注入及地面输送方案编制，并且开展了驱油封存示范区环境影响评价与监测技术研究和全流程经济评价研究。示范项目运行后，有助于提高石油采收率，实现CO_2规模化封存，同时也可为世界各国的CCS项目提供借鉴。

五、快堆核电站及压水堆乏燃料后处理重大工程

在实验快堆基础上，2025年建成示范性快堆核电站，2030年建成百万千瓦级商用快堆核电站。

在已建成年处理量50吨的乏燃料中间试验厂基础上，2020年建成

更大规模的后处理示范工程,2030年建成年处理量为800吨的商业规模的后处理厂,以满足压水堆核电站规模化发展和快堆燃料需求。

六、适用于大比例可再生能源发展的智能电网重大工程

研发分布式可再生能源集群接入智能微电网技术;选择适当区域内的变电站和相关线路作为试点工程,采用先进的智能化调度系统和变电站智能化一、二次设备,实现灵活控制;研究输电线路使用先进测量传感技术,开展运行状态和覆冰、大风等线路微气象环境的综合监测;建立城市中心区域内的智能化主动配电网,为智能电网的推广积累经验,推动智能化设备技术规范和相应标准的制定。

七、可再生能源大比例应用重大工程

(一)城镇可再生能源集成应用示范

在生态环保要求高的京津冀、长江三角洲、珠江三角洲等地区的城镇化过程中,选择可再生能源资源丰富、经济条件相对较好的城镇,研究推进太阳能、生物质能、地热能等新能源技术的综合应用,提供清洁电力、热力、交通燃料的综合能源供应方案,最大可能地替代城镇煤炭应用。

重点发展城镇范围内屋顶光伏发电、生物质发电、分散式风力发电等发电应用技术,促进分布式发电在局部地区发挥重要作用;开展农林生物质热电联产、城镇垃圾热电联产、生物质成型燃料供热、地源热泵和太阳能工业供热制冷等技术集成和示范,促进可再生能源供热体系与城市供热基础设施的融合;充分利用当地农林剩余物、有机废水、养殖场畜禽粪便等为资源生产的燃气,研究生物燃气供应城镇居民生活燃料及沼气净化后用做交通燃料的关键集成技术及配套基础设施建设。

(二)新能源微电网示范工程

选择可再生能源资源丰富地区,开展可再生能源、燃气及储能等

分布式综合发电示范工程，以智能电网、物联网和储能技术为支撑，研究新能源发挥重要作用的微电网关键技术及综合集成应用技术，探索充分利用新能源发电和电网提供系统支持的新型供用电模式，研究建立分布式能源电力并网技术支撑体系和管理体制，形成千家万户发展新能源以及"自发自用、余量上网、电网调剂"的新局面。

（三）千万千瓦级可再生能源基地电能全额消纳关键技术研究与工程示范

选择我国千万千瓦级大规模可再生能源基地，开展千万千瓦级可再生能源基地风光互补运行控制及远距离输送关键技术研究，突破大规模可再生能源发电并网规划、运行控制、发电功率预测、大规模储能和电力系统先进调度的关键技术难题，开展技术支持系统研发和关键装备研制，通过大规模可再生能源电力远距离输送，在区域乃至全国范围内实现千万千瓦级可再生能源基地电能的全额消纳。通过在我国西北地区开展示范工程建设及其成果推广应用，推动我国西部、北部地区可再生能源和东部海上风电的集约化开发，有效化解我国风电和光伏行业面临的过剩产能。

（四）大型风电机组及关键部件测试平台建设

建设适应10兆瓦以上级别的风电机组传动链地面测试平台，大型风电叶片静力试验平台，风电轴承检验测试平台，大型风电机组风洞实验室和防雷模拟测试实验室，为风电大规模开发利用提供完备的检验测试能力。

（五）深海海域风电场工程示范

在离岸50千米以内及以外海域分别建设海上风电场示范工程，根据水深、海床等条件尝试采用不同形式的海上风电机组基础，尝试浮式基础的工程示范。建立海上风电机组基础施工、设备运输、吊装、海底电缆敷设等工程建设能力并加以优化，积累经验和降低工程成本，同时为大型海上风电机组提供测试条件。

（六）西藏羊易地热与太阳能联合发电工程

建议将民营企业江西华电电力有限公司正在筹建的西藏羊易地热电厂设立为国家示范项目，使之得到国家支持，加强太阳能光伏发电设计，并鼓励科研单位参与，共同研究联合发电技术，完成此联合发电工程。

（七）光伏生态电站与微藻绿色生态能源基地示范工程

在青海、新疆、甘肃、内蒙古等荒漠地区建设大型光伏电站，电站设计不仅考虑发电效益，同时考虑当地的生态效益，使光伏电站的建设同时发挥防风固沙的作用；结合当地水文条件，在地下水资源丰富的地区，开发荒漠地区的地下水资源。利用光伏发电提取地下水，配合太阳能咸水淡化系统和生态大棚，开展微藻养殖和油料作物的种植。同时兼顾各类生态资源，按照因地制宜、综合利用、经济实用的原则，研究适宜荒漠地区的微生态环境建设，合理选择种植、养殖方式，推动生物柴油的市场化和规模化生产。以光伏电站的建设带动一个绿色生态能源基地。

（八）川藏水电送出工程

四川、西藏分别有 1.2 亿千瓦和 1.4 亿千瓦的水电资源，目前已开发 44% 和 1%。如果全部开发，可每年发电 8 000 亿千瓦时，节约煤炭 3.7 亿吨，分别占全国用电量和煤炭生产量的 1/7 和 1/10 左右。但川藏水电送出工程还需要解决特高水头发电设备材料和制造、复杂地质条件下的建设开发问题，以及远距离输电等问题。

第二节 能源生产革命重大产业

一、煤炭科学开发重大产业

（一）东部地区

冀中地区开滦集团炼焦精煤基地、邯邢炼焦煤和动力煤基地、张家口北方动力煤基地的煤炭生产总产量稳定在 8 000 万吨左右。鲁西基地保持煤炭产量在 20 年内稳定在 1.5 亿吨左右。

（二）中部地区

形成山西、河南和两淮等中部煤炭开发基地和产业：

加快建设煤电路港航一体的晋北动力煤基地、煤焦电化一体的晋中炼焦煤基地和煤电气化一体的晋东无烟煤基地，发展煤层气产业，对优质炼焦煤和无烟煤资源实行保护性开发。

河南基地加大深部资源勘查力度，有序推进重点矿区大型矿井项目建设。支持基地内骨干煤炭企业、重点铝企业和大型电力企业发展或联合发展煤-电、煤-电-建材、煤-电-铝等产业，实现煤电、煤钢、煤铝等联营合作。

（三）西部地区

形成内蒙古、新疆等西部煤炭开发基地和产业：

内蒙古形成阿拉善盟、乌海、鄂尔多斯西部炼焦煤和无烟煤为主的特种煤基地，产能 7 000 万吨/年；准格尔煤田、东胜煤田和上海庙煤田的优质动力煤基地，产能 5 亿吨/年；以蒙东锡林郭勒盟、通辽、呼伦贝尔为主的褐煤基地，产能 5 亿吨/年。

新疆准东煤田开发五彩湾、大井、西黑山、将军庙矿区；吐哈煤田重点开发哈密大南湖、托克逊黑山、伊吾淖毛湖、沙尔湖等矿区；伊犁煤田重点开发伊宁、尼勒克矿区；库拜煤田重点开发库尔勒塔什店、库车阿艾、拜城矿区；淮南煤田开发阜康、艾维尔沟、呼图壁白杨河、玛纳斯塔西河等矿区；淮北煤田开发塔城托里铁喇、和什托洛盖、富蕴喀木斯特矿区。

开发和建设陕北基地、关中能源接续区、宁东基地、黄陇基地及贵州盘江、水城、织纳、黔北等矿区。

二、可再生能源产业集群

强化自主创新、提高技术含量，避免低水平重复建设导致的产能过剩，全面提高可再生能源装备制造能力，实现大容量抽水蓄能机组和百万千瓦大型水轮机组的设计制造；风电和太阳能光伏、光热发电设备技术和制造能力达到国际先进水平，并形成若干以龙头企业为核心的制造产业聚集区和配套生产基地；实现生物质成型燃料、发电和生物液体燃料技术产业化，培育大型生物燃料生产企业，建成生物液体燃料配套销售体系；逐步建立新型地热能、海洋能利用技术研发和装备制造能力。

三、非常规油气重大产业

通过加快构建鄂尔多斯盆地上古生界、四川盆地侏罗系-三叠系、塔里木盆地库车深层 3 大致密气产业基地，鄂尔多斯盆地三叠系延长组、松辽盆地扶杨油层、准噶尔盆地二叠系 3 大致密油产业基地，沁水盆地南部石炭-二叠系、鄂尔多斯盆地东缘石炭-二叠系、北疆地区侏罗系 3 大煤层气产业基地，以四川盆地为主的南方海相页岩气产业基地，形成 10 大非常规油气产业基地，力争 2030 年产量达到我国非常规油气总产量的 80%以上，为实现国内"油气产量倍增"发展奠定基础。

四、以解决 $PM_{2.5}$ 和水污染为重点的环保重大产业

加强环保产业的科技创新，大力发展以解决 $PM_{2.5}$ 问题为重点的大气污染治理技术、水污染治理技术和固体废弃物污染治理技术，积极推广和应用清洁生产技术与工艺，推动环保高新技术产业化，重点扶持一批具有发展潜力、基础条件较好、技术水平相对较高的环保企业，加快产品和技术研发，开拓国际市场，增强企业的跨国经营能力和国际竞争力，为我国环保产业的可持续发展提供广阔的市场空间。

五、CCS/CCUS 重大产业

CO_2 可作为资源，通过开发利用增产天然气、微藻制油、开发地热等新能源，促进新能源产业发展。CO_2 作为吸附剂，利用其在煤体

表面被吸附能力高于甲烷的特性,可用于驱替煤层气,从而提高煤层气采收率和埋存 CO_2。CO_2 作为载热流体,可用于增强型地热能系统以提取热量,使 CO_2 地质储存化的同时实现了资源化利用,具有显著的经济效益和社会效益。CO_2 作为碳源,通过光合作用,可用于培养微藻,制取生物柴油;CO_2 作为原料,可用于生产醇类、醚类、甲烷、液体燃料等新能源。上述工作的开展,可促进我国新能源产业发展。

六、新能源汽车重大产业

我国新能源汽车基本具备产业化发展基础,电池、电机、电子控制和系统集成等关键技术取得重大进步,纯电动汽车和插电式混合动力汽车开始小规模投放市场。但总体上看,我国新能源汽车整车和部分核心零部件关键技术尚未突破,产品成本高,社会配套体系不完善,产业化和市场化发展受到制约。

基于此,我国应积极推进动力电池规模化生产,加快培育和发展一批具有持续创新能力的动力电池生产企业,力争形成 2~3 家产销规模超过百亿瓦时、具有关键材料研发生产能力的龙头企业,并在正负极、隔膜、电解质等关键材料领域分别形成 2~3 家骨干生产企业。在驱动电机、高效变速器等领域分别培育 2~3 家骨干企业,形成具有较强国际竞争力的专业化汽车电子企业。

第三节 能源生产革命政策建议

一、加快市场机制改革

(一)放开市场准入

加强对自然垄断环节的监管,放开竞争性业务,对具有竞争性的能源勘探开发、能源转换、批发零售环节积极创造条件,调动外资和民企资本参与竞争的积极性,增强能源供给能力、提高能效、优化能源结构。

(1)明确非常规油气定义和内涵,抓紧出台非常规油气财税支持政策，支持、鼓励各种所有制企业以合资合作方式勘探开发非常规油气资源。

（2）落实节能发电调度，建立支持清洁能源优先进入市场的基本制度，鼓励发展可再生能源发电和无歧视入网，优化电源结构；推行电力竞价上网和大用户直购电，引导低成本、低污染电力优先上网，在发电侧和售电侧形成多个购售电主体竞争的格局，打破电网企业统购统销的市场格局。

（3）打破地方垄断与行业垄断，加强新能源汽车产业市场开放度，避免重复、低效投资，同时通过引入民营资本等方式加快基础设施建设速度。

（二）理顺价格机制

（1）协调理顺中央和地方财政利益分配关系，提高资源矿产开采权的审批标准，采取能源开采企业资源税、增值税、所得税一律按国税统一征收和按区别比较统一返回所在地的体制。完善能源资源税体系，合理调整资源税税率，逐步扩大资源税征收范围，将资源税从价计征逐步由油气扩展到煤炭等领域。加强能源价格监督机构能力建设，充分发挥价格监管机构和社会舆论监督的综合作用，形成多层次价格监督体系。健全能源价格风险预警和防范机制，建立大品种能源安全战略储备、预警与应急处理体系，构建中国能源期货体系，积极参与国际能源价格的制定。加强与民生密切相关的能源产品价格调整的跟踪，制定合理的补贴政策。

（2）完善化石能源发电及输配电价形成机制，建立反映资源稀缺性、环境外部性成本的能源价格形成机制，征收资源环境税和碳税，使煤炭、石油等传统化石能源及发电的价格能充分反映不可再生资源的机会成本和环境损害成本，为可再生能源与化石能源提供公平竞争的市场环境；建立独立的输配电价，实行政府管制，形成直接反映电网企业成本和效率的独立的输配电价；建立合理的销售电价制度，销售电价和上网电价联动。

（3）成品油定价机制市场化改革，由政府定价向企业自主定价转变，政府仅在石油价格出现较大幅度波动时采取临时性干预措施；推进天然气价格形成机制改革，加强监管管输价格，放开出厂价格。

（4）健全碳排放政策，建立和完善基于市场定价的碳交易制度，促使多元化低碳发展投融资体制建设和企业自动减少碳排放。

（三）逐步建立节能长效机制

行政手段与市场手段相结合，建立合理的激励机制，引导企业节能减排，建立排放交易等制度，最大限度地降低节能减排的经济和环境成本；尽快出台科学合理的区域性强制节能减排规划，切实加强用能管理，强化重点耗能单位节能管理；建立和完善长效监管机制，加大力度进行跟踪督察。

二、完善能源法制

将能源领域立法列入国家立法的重点领域，着力推进《中华人民共和国能源法（送审稿）》、《国家石油储备条例（征求意见稿）》、《核电管理条例（送审稿）》的立法工作，统筹推进"能源监管条例""石油天然气法"及《海洋石油天然气管道保护条例》的制定/修订工作，加快《中华人民共和国电力法》和《中华人民共和国煤炭法》等的修订。研究制定完善《中华人民共和国可再生能源法》《中华人民共和国石油天然气管道保护法》相关配套办法。

结合我国国情，进一步明确能源领域的重大政策取向和目标，加大制度创新力度：已经公布的《中华人民共和国能源法（送审稿）》在推进能源发展方式转变，加快清洁能源和非化石能源发展等方面的创新不足应加以改进。充实能源法规内容，增加法规的可操作性，在资源税、能效标准、可再生能源开发利用优惠措施等方面提出明确要求，减少法规层次。

三、能源管理体制创新

加强地上资源（风能、太阳能等）、地下资源（煤炭、油气等）的统一规划布局，建立煤炭、石油、天然气、页岩气、铀等地下能源资源一体化开发的协调机制。

推广绿色 GDP，建立科学的绿色政府绩效考核体系。改变片面追求经济指标的政绩观，设立绿色、低碳、经济的统计和考核指标，建立"绿色低碳评估体系"。增加诸如单位 GDP 能源消耗，粉尘、二氧化硫、氮氧化物等污染物排放量，二氧化碳排放量，绿化率，森林覆盖率等约束性指标，并将生态保护、环境治理、碳排放指标完成情况与各级政府政绩挂钩，使之成为今后考核地方经济工作的关键指标。

四、加大科技创新力度

我国能源科技水平与发达国家相比仍存在较大差距，更加需要重视科技创新，加快建设和完善适合我国国情的、产学研一体化的能源科技创新体系。

（1）明确能源技术战略重点，加大对能源战略性前沿技术和重大应用技术研发的支持力度，推进关键技术创新，增强能源领域原始创新、集成创新和引进消化吸收再创新能力，重点支持非常规油气开发、洁净煤技术、第三代和第四代核能技术、风力发电、光热发电、光伏发电、生物能源技术、智能电网、电动汽车、储能技术等战略性技术的发展；加大对能源重大战略技术的长期支持力度，引导能源技术持续创新和产业化发展。

（2）创新科研组织形式，统筹产、学、研的研发力量，建立共性技术研发平台，支持和引导组建基于市场机制的产业创新联盟，构建创新链，形成利益共享、风险分担的联盟机制，推进协同创新。

（3）完善国家对技术创新平台的政策支持体系。完善科技评价和奖励制度，建立并完善能源创新人才的培养体系和激励机制。

五、具体政策建议

（1）制定煤炭科技发展规划，启动以企业为主体的绿色煤炭国家重大专项，支持煤层气开发利用技术、先进选煤技术、节能节水技术、煤炭智能化开采技术、煤矿区生态修复和治理技术、井下充填开采技术等的研发与推广，加强煤炭科技人才培养。

（2）制定国家"非常规油气中长期发展规划"，统筹致密油、致密气、煤层气、页岩气、天然气水合物等不同类型非常规油气发展政策，鼓励企业加强工程技术攻关和开发先导试验，探索适合我国地质地表条件的环境友好型勘探开发技术体系与有效开发模式，推动非常规油气加快发展。

（3）将海洋深水油气勘探开发上升为国家战略，超前谋划、稳步推进，充分发挥油气生产平台与海洋维权基地互为支撑作用，在维护国家海洋领土完整的同时，推动南海深水、东海油气勘探开发尽快取得实质性进展，力争实现我国油气工业跨越式发展。

（4）制定与煤炭分级转化利用系统及其产品相关的健康、安全、环保的法规及技术规范。打破行业分隔，促进电力、化工、煤炭等企业的相互融合，推进煤炭分级转化利用等先进技术的示范和应用。出台引导政策，调动企业创新技术研发与应用积极性。

（5）建议从国家层面进一步统筹核电规划，引导核电全产业链各环节的发展，加强先进型核反应堆基础科研的统筹部署，促进核电行业的有效整合和研究院所、企业、高校等协同创新；加强核安全监管、核事故应急以及核电站最终安全责任制，并理顺核电相关的产业结构和管理体制。

（6）建立优先发展可再生能源的战略规划和法律支撑体系：按照优先布局、开发、输送、消纳可再生能源电力的原则，系统研究制定电源建设、跨省区电力联网和输电通道的规划，以协调制定输配电网、抽水蓄能电站、可调节负荷、城市与建筑等相关规划，切实引导和规范市场发展与项目投资建设；坚持立法先行和协调立法，形成可再生能源优先发展的法治保障和法律秩序。

（7）建立和完善碳交易市场，促进多元化低碳发展投融资体制建设。充分发挥排放权交易所、CDM（clean development mechanism，即清洁发展机制）技术服务中心等中介机构作用，积极鼓励地方政府构建碳交易区域市场，平稳有序地推进国家碳市场的建立与完善，实现区域市场与国家市场的信息互通、资源共享。加强与国外碳交易中心的交流,增加国际碳交易游戏规则的话语权。

(8)国家层面成立新能源汽车产业发展领导小组,加强各相关部委及研发、生产与运营等单位之间的组织和协调,形成合力,统筹推进新能源汽车产业发展。进一步加强新能源汽车政策和法规标准体系建设与监管,有效促进技术进步和新能源汽车的推广。统筹安排新能源汽车产业发展专项资金,通过股权投资、奖励、补助、贴息、资本金注入等多种方式,重点支持新能源汽车技术研发及产业化、充电基础设施建设、创新能力建设、基地建设、示范应用等。

(9)国家主持制定全国统一的智能电网发展规划,迎接可再生能源和新能源汽车的大规模发展,以及全社会对电力市场、城镇化、智慧城市以及智能家居等的支持和保障。

(10)加大财税政策扶持力度,具体包括:

首先,综合考虑煤炭企业税费负担和承受能力,研究煤炭资源税、增值税、环境治理基金等税费的关系,调整煤炭税费结构,合理确定煤炭税费水平,切实减轻企业负担。增加安全改造专项资金规模,研究建立煤矿安全、绿色改造的财政补贴、税费减免、贷款支持政策,重点支持煤矿安全绿色矿井建设。优化使用煤炭企业税费,合理确定返还比例,设置专用账户,专款支持煤矿区环境治理与修复。

其次,实施差别化石油特别收益金,对老油田三次采油减征,对稠油、致密油、油页岩油等非常规石油资源开发利用免征;对低产井、重油井、偏僻油井等实行部分税费减免。进一步加大非常规天然气资源开发利用财政补贴,2030年以前对致密气、煤层气、页岩气统一补贴0.4元/米^3。

最后,进一步完善电价补贴政策及排污费收取政策,加大排污费收取,大力促进多种污染物共同减排。

第四节 能源生产革命重大畅想

(1)以实现中国"煤炭梦"为奋斗目标,通过技术创新,建立较为完善的煤炭科学开采技术体系，煤炭资源开发实现机械化和智能化，煤炭工业成为高技术密集产业，使中国煤炭科技达到世界领先水平，从煤炭大国变为煤炭强国，煤炭开采成为工业领域安全、洁净、与环境友好协调发展的行业，从事煤炭工作是职业安全健康有保障、得到全社会尊重、具有显著吸引力的体面的工作，使煤炭行业取得与其作为能源基础作用的社会地位。

（2）海域与冻土区天然气水合物开采技术发展成熟，形成配套技术体系，天然气水合物实现大规模开发利用。油页岩原位改质技术实现重大突破，油页岩油实现大规模开发利用。

（3）煤气化燃料电池技术和煤分级转化梯级利用技术发展成熟，实现煤炭的清洁高效利用，实现煤炭的"吃干榨尽"。

（4）实现核能大规模利用，探索核能多用途应用，开拓未来核能市场；探索放射性同位素电池应用；终极的核能梦想是应用宇宙运转的能量来源——核聚变。

（5）实现分布式的可再生能源发电与智能电网紧密融合，以及各类电池储能、电动汽车、储热储氢等可调节电力负荷技术的规模化应用，电力系统在供应端及消费端的灵活性在市场机制的激励下得到释放，逐步建立优先消纳新能源的电力运行调度体系，可再生能源供热及供燃气也逐步与常规热力、燃气体系融合，达到全社会总能源消耗中可再生能源的比例最大化。

（6）用 CO_2 作为干热岩输热介质，发展地热利用；利用盐渍土净化煤制气尾气；利用工业污水脱除天然气 H_2S 和 CO_2；CCS/CCUS 与新能源耦合，降低化石能源消耗，提高新能源利用率。

（7）未来新能源汽车是集互联网、智能化、信息化技术等于一体的高科技移动平台，是越来越多的科技感和智能辅助驾驶技术等的融合，其将发展成为集环境感知、规划决策、多等级辅助驾驶等功能于一体的综合系统，集中运用计算机、现代传感、信息融合、通信、人工智能及自动控制等技术，是典型的高新技术综合体。未来的汽车将不仅仅满足人们驾驶的需求，而更像一个人们驾车途中能够随时陪伴的"副驾驶员"：它有思维、能决策、能交互、能为驾驶者带来更加丰富多彩的驾驭体验。

（8）利用快速发展的信息技术（如大数据、云计算等）和现代控制技术，实现能源从源头开采到终端利用的智能化系统节能清洁管理。

（9）发展超导和系列蓄能技术，突破"常温超导"的技术瓶颈，降低电网和用户损耗，吸纳不稳定能源和电力，实现能源资源更大规模的优化配置，提高用能效率，优化能源结构。

（10）耦合煤炭发电和煤化工的综合技术优势，实现燃煤发电的更高效率，以及达到燃气标准的污染超低排放，为解决 $PM_{2.5}$ 问题，把好煤炭关；耦合煤炭发电与可再生能源发电的互补协调发展。

（11）协调规划和研发海、陆、空立体、智能大能源系统。

（12）全国范围的智能电力市场全面实施。通过建设坚强的智能电网、健全的电力市场规则和科学的电价体系，实现发电竞价上网、用户竞价购电，形成统一开放的全国电力市场体系，实现全国范围资源的优化配置。

参 考 文 献

[1] 中华人民共和国国土资源部. 中国矿产资源报告（2014）. 北京：地质出版社，2014：4.
[2] 李月清. 我国页岩气勘探开发进入商业化新时代. 中国石化报，2014-04-21,（5）.
[3] 国家发展和改革委员会能源研究所. 中国风电发展路线图2050，2014：23.
[4] 中国工程院. 中国能源中长期（2030、2050）发展战略研究：可再生能源卷. 北京：科学出版社，2011：37.
[5] 胡珺. 生物质能源艰难前行. 中国能源报，2013-12-30,（1）.
[6] 国家统计局. 中国统计年鉴（2014）. 北京：中国统计出版社，2014.
[7] 国家统计局. 2014年国民经济和社会发展统计公报，2015.
[8] 中国电力企业联合会. 全国电力工业统计快报（2014年），2015.
[9] 中国煤炭工业协会. 中国煤炭工业改革发展情况（2014年度报告），2015：8.
[10] 中国电力企业联合会. 2014年度全国电力供需形势分析预测报告，2014：22.
[11] BP. 2030年世界能源展望，2013：75.
[12] 中华人民共和国国务院新闻办公室. 中国的能源政策（2012），2012.
[13] 2013年国内外油气行业发展报告课题组. 2013年国内外油气行业发展概述及2014年展望. 国际石油经济，2014，22（Z1）：30-39.
[14] 任东明，谢旭轩，刘坚. 推动我国能源生产和消费革命初析. 中国能源，2013，35（10）：6-10.
[15] 李毅中. 适应世界能源新变化改善我国能源布局. 全球化，2013,（7）：89-92.
[16] 中国工程院. 中国能源中长期（2030、2050）发展战略研究：综合卷. 北京：科学出版社，2011：91-92.
[17] BP. 世界能源统计年鉴，2013：41.
[18] 王赣江，陈列子. 大力推进京津冀钢铁行业治霾. 中国环境报，2013-11-04,（2）.
[19] 武国庆. 我国农作物秸秆能源化利用产业现状与展望. 生物产业技术，2015,（2）：7-15.
[20] 杜祥琬，周大地. 中国的科学、绿色、低碳能源战略. 中国工程科学，2011，13（6）：4-10.
[21] 李伟. 我国未来能源发展战略探析. 中国矿业报，2014-02-25,（B03）.
[22] 中国能源发展战略研究组. 中国能源发展战略选择（上册）. 北京:清华大学出版社,2013：31-37.
[23] 中国能源发展战略研究组. 中国能源发展战略选择（下册）. 北京:清华大学出版社,2013：1097-1100.
[24] 中国国际经济交流中心课题组. 中国能源生产与消费革命. 北京：社会科学文献出版社，2014：34.
[25] 崔民选. 中国能源发展报告（2011）. 北京：社会科学文献出版社，2011：1-40.